すごい！「直観力」

早川 勝
Masaru Hayakawa

SOGO HOREI PUBLISHING CO., LTD

プロローグ

「直観力」と聞いて、スピリチュアルな話を期待して本書を開いてしまったあなた。ごめんなさい。もう続きを読むのはやめてください。

本書のテーマは「直観力」ですが、霊感についての話などはまったく出てきませんし、占い的な当たり外れの世界を語るつもりもありません。もちろん、宗教的な心構えを説く内容でもありません。

極めて「科学的」かつ「論理的」に「直観力」について解説していきます。

実践的な直観力を磨くために、深い心理面の裏側にまで入っていきますから、もしかすると難解なロジックに対してあなたは途中で混乱してくるかもしれません。「オレには無理だ!」と拒絶したくなるかもしれません。または、「正義」や「善の意識」などというキレイ事に聞こえる言葉の連続に、ヤンチャなあなたは「ふんっ!」

と目を逸らしたくなるかもしれません。

しかし、大丈夫です、安心してください。

難解な「心のトリック」も、私の面白おかしく解りやすい「謎解き」によってすぐに解決され、混乱は解消されるでしょう。

あなたの諦めは「希望」に変わるに違いありません。または、「オレは何も悪くない」と、あなたをガチガチに凍らせている「正当化」や、その中に隠れている「罪悪感」を優しく溶かしてくれるかもしれません。

そして、最後には「ああ、そうか。なるほど！」と、「直観力」を磨く真実を発見し、未来に光が差してくることでしょう。


人生は選択の連続です。

常に選択に迫られ、決断していかなければなりません。

一瞬で決めなければならないことも多く、大事な決断であればあるほど、迷います。悩みますよね。そして、考えに考えて最終的に出した答えが失敗に終わることも少なくありません。そうして失敗が続くと落ち込みます。後悔ばかりの人生となったあげくに、自分の不幸を嘆き悲しみ、自信を失っていくことになるでしょう。と同時に、希望のない人生を一生涯に渡り送っていくという「不幸スパイラル」に苦しむこととなります。

今晩は何を食べるのか、などという簡単なことから、経営判断に至るような重要な選択など、仕事においてもプライベートにおいても、いつもいつも決断に迫られることばかりです。

「決断しないという決断」も一つの決断であったりします。

もしも、ここでこの人に会わなかったら……、もしもこの時にそこに行かなかったら……、というように、たった一つの決断が大成功のターニングポイントになったり、逆に大きな事故や災難に巻き込まれてしまうような生死にかかわる選択となる場合もあります。

「決断する」、ということがいかに人生において大切なのかがわかりますよね。

そうなってくるとやはり、大切な決断であればあるほど、

失敗したくない、
後悔したくない、
ですよね。

では、どうすれば、正しい決断を下せるのでしょう。
その答えは簡単です。
直観で決める、ただそれだけなんです。
あなたの直観に従ってください。

本書のテーマである「直観力」を磨くこと、それこそが幸せへの近道なのです。
そんな適当な、と思っているそこのあなた。
「勘で決めるなんて、そんなの乱暴過ぎるよ」なんて、思っていませんか。
勘違いしないでください。カンはカンでも、「直感」じゃなくて「直観」ですから。
単なる感覚的な決断ではありません。もっと奥の深い「カン」です。「観察」の
「観」には、様子を観るという意味があります。「直観力」を磨くための方法はサイエ

ンスであり、根拠のあるロジックに基づいているのです。だからといって、観てばっかりいて考え込んでしまうイメージでは困ります。

たとえば、今のあなた……、

慎重に検討して……、徹底的に検証して……、様々なデータを調べに調べ尽くして……、他人の意見も大いに参考にして……、いつも理屈ばかりこねくりまわして……、そうやって結論を出してきたのではありませんか。

その結果、うまくいきましたか？

失敗の連続、後悔の連続ばかりだったのではないでしょうか。失敗は成功の元、などと自分自身を慰め、楽観的に生きてきたのでしょう。または、どうせオレなんて、と悲観的に自己卑下して諦めの境地で生きてきたのでしょう。

あーあ、もったいない。

あなたはもっと大きな成功を……、もっとたくさんの幸せを手に入れることができます。なぜなら、あなたは幸せになることから逃げる決断をしてきてしまった、ただそれだけなのですから。

「直観力」を磨くことなく……。

えっ？

「オレはいままで直観で決断してきたけど、失敗のほうが多かったぞ！」ですって？

はいはい、わかりますよ、あなたの気持ち。ははっ、そんなに顔を真っ赤にして怒らないでください。

そうでしょう、そうでしょう。その理由、私には容易に想像できます。それはあなたの直観力が未熟だったからです。明らかに直観力が鈍っていたことが原因なのです。

では、なぜ、あなたの直観は間違った決断をしてしまうのか。

その根本的な原因は何なのか？

教えてあげましょう。

それは、「偽者のあなた」が決断しているからなのです。

「本物のあなた」が決断すればうまくいきます。

「本物のあなた」は、「本物のあなた」ですから、あなたの本心に従って、あなたが

生きたいように、あなたが本当に幸せだと思っている生き方通りに決断し、正しい道へと導いてくれます。

それなのに、あなたの場合は「偽者のあなた」が決めてしまうから間違うのです。誤った道へと導かれていくのです。

偽者のあなたにはこの世の悪魔がまったく見えていません。悪魔がおいでおいでしている方向へ知らず知らず導かれていきます。

恐ろしい話ですよね。別に私は、オカルト的な怪しい話をしようと言うのではありませんよ。

あくまでもそれは、あなた自身の心の中に実在する「邪悪なあなた」なんです。他人事じゃありませんよ。いつも悪い環境に影響を受けてしまったり、他人の言葉に振り回されているあなた自身のことです。

では、「本物のあなた」が直観力を駆使して、正しい決断をしてくれるようになるためにはどうすればいいのか。

それには、次のややこしい定義をまず頭に入れておく必要があります。

あなたがあなただと思っている『あなた』はあなたではありません。

ということです。

ややこしいですか？

もう一度、言い方を変えてお伝えしますよ。

いいですか。

あなたがあなた自身だと思い込んでいる『あなたであるその人』は真実のあなたではありません。

と、これならいかがでしょうか。理解できますか？

『あなたであるその人』、つまり、今あなたがあなただと思い込んでいるあなた、ですよ。いわゆる「あなた」のことです。私が言いたいのは、そのあなたは「偽者」だから、その偽者の仮面を外しましょう、ということです。

「そんなバカな！　オレはオレだ！」「私は私に決まってるでしょ！」というあなたの心の叫びが聞こえてきました。普通はそう思いますよね。ところが、実はそうじゃないんですよ。

たとえるならばですねぇ、あなたはファミリーレストランに行ったことがありますか？　まあ、どんなにセレブな方でも一度くらいはありますよね。そのファミレスに誰か他人と一緒に入ったとしましょうか。

そのとき、自分のオーダーは自分で決めますよね。連れの人に決めてもらうことはあまりないでしょう。幼児ならともかく……。当然、自分の食べたいものを自分で注文します。自分が食べたいものを自分で決めるのですから、自分が好きな料理を食べることができます。

ところが、他人が勝手にオーダーしてしまったらどうでしょう。たまたま思った通りの料理が運ばれてくることがあるかもしれませんが、大抵は自分の思い通りになりません。嫌いな料理や昨日食べたものと同じ料理を食べなくてはいけないかもしれないですよね。ダイエット中なのに「ロースとんかつ定食大盛り」と「デラックスパフェ」が出てくるかもしれません。

どう思います？　そんな食事。

イヤですよねぇ？

実は、偽者の自分で生きているということは、いつもファミレスで好きな料理を食べることができない人生と同じだということなんです。

そんな人生、何かおかしいですよね。

あなたは人生のどこかで、「自分は自分という存在でいてはいけない」と決め込んでしまった出来事に遭遇しています。その時からあなたは、もう一人の自分が「偽者の仮面をかぶった自分」を演じて生きてきました。

そいつのことを、そうですねぇ、ここで仮に、「アナザー（another）」と名付けることにしましょうか。

「アナザー」と「あなたー」を区別してください。ダジャレじゃありませんよ（笑）。

これをしっかり区別できたとき……、それぞれを確実に認識できたとき……、本物のあなたが本物のあなたとして自由に生きられるようになったとき……、直観力は磨かれていき冴えに冴えわたることとなります。

「アナザー」に支配されている限り、正しい判断はできません。自己決定力は失われ、意思決定できなくなります。いつも確信が持てず、迷ってばかりの人生となります。人とのコミュニケーションもうまくとれず、人間関係でのトラブルや悩みが尽きません。

仮に、いっときはうまくいったとしても、何年か経つと失脚や挫折が訪れます。長続きしません。それを多くの人たちは「ツイていなかった」「不運だった」のひと言で済ませてしまおうとします。

また、そこで多くの人たちは、「くよくよせずにポジティブにいこう」と耐えに耐えて乗り越えようとしますが、いくら前向きに乗り越えてもその悲劇は繰り返されます。いつまでも追いかけてきます。「アナザー」は、『ニセポジティブ』という間違った楽観主義を育ててしまう特徴があるのです。

偽りの仮面をかぶったままでは本質を観ることはできません。現実を直視せずに逃げる決断が多くなってしまいます。直面できないのですから、問題はいっこうに解決しません。次から次へと同じような問題が降りかかってきます。

「あれー、なんだか直観力を磨くのってたいへんそうだなー」、なんて弱気なことを言わずに……、本書で「直観力」を磨く理論を学んでみませんか？

実はですね、あなたは「直観力」を新たに鍛える必要はないんですよ。なぜなら、「直観力」は元々あなたが持っている力なんです。「持っている」のに、あなたがその能力を使っていないだけなのです。それはなぜかと言えば、あなたがアナザーさんだからなんです。

「アナザー」の呪縛から解き放たれ、「あなた」が「アナザー」だということを「あなた」が知った時、「本物のあなた」は、「直観力」を発揮しスパスパッと正しい決断ができるようになれます。そして「その人」が、悔いのない幸せな人生へと導いてくれるのです。

私は断言できます。

なぜなら、それらのことは私自身が実体験から学んだことでもあるからです。

では、なぜ、私がその次元の違う「境地」にまでたどり着いたのか。まずは、その経緯をお伝えしておきたいと思います。

正直にすべてを告白しますから、傲慢な男だと思わずに（本当は謙虚な人間なのですが……笑）読んでくださいね。

決して自慢話だと思わずに受け入れていただけたら幸いです。


実は、私、かなりの自信家として生きてきました。私の強みでもある「積極性」「社交性」「行動力」などを生かし、生保業界において22年以上、常に勝ち組として結果を出してきました。数千万円という年収を長年に渡り稼ぎ続け、管理職としての地位や業界においての名誉も勝ち取った私は、本を3冊出版することもできました。全国津々浦々から講演会のオファーも舞い込み、「成功者」としてこの世の幸福を独り占めしていくかのごときバイタリティで活躍し続けてきました。素晴らしい仲間や豊富な人脈にも恵まれました。大田区内の一戸建て６ＬＤＫの家に住み、閑静な高級住宅街にて献身的な妻や3人の娘たちとの一家団欒。そして、年老いてリタイアしている両親にも親孝行できる経済的余裕も生まれ、この世の幸せを享受していました。本当に心から幸運に感謝する日々でした。


そんな私は、あるとき、気づいてしまいました。

発見したのです。自分の中に存在していた「アナザー」を。


本来は認めたくなかった「心の闇」に自ら手を突っ込みました。

その結果、気づきました。私の目指している「成功」は、他人に成功していると思われたいだけの成功である、ということに……。

それまでの私は、夢や目標に向かって明確なヴィジョンを掲げ、愛と勇気を持って生き生きと元気いっぱい人生を満喫している……、そう思い込んでいました。

ところが、それは「ニセモノの自分」が無理して築き上げた「ニセモノのゴール」だったのです。人もうらやむような私の成功は、私が本当に望んだものではなかったのです。

人一倍のパワーと仕事量で競争社会を勝ち抜き、次から次へと成功を手に入れたつもりでしたが、それも『限界がきたな』と感じました。それまでの私の「直観力」は、たまたま「運」に助けられてきただけだったのです。運を味方につける「成功の法則」に従って楽観的に生きたものの……、それによって得られる成功は、せいぜいこのあたりまでなのだと、改めて気づいてしまったのです。

だからといって、今までの人生を否定しようというわけでもなければ、人格そのものを変えようというのでもありません。私は私、そのまんまの私として、「私らしく」生きていくことを選択したに過ぎません。

その「次元の違う境地」に立ったとき、私は生まれ変わりました。

モチベーションを保つ努力はもう必要ありません。無理しなくてもよくなったのです。自分を欺き、格好をつけたり、見栄を張ったり、背伸びをする必要はなくなったのです。

自然体でモチベーションが上がっていくのを感じるようになりました。

それはなぜか。

私には本物のゴールが見えてきたからです。

拙著『「捨てる」成功法則』（総合法令出版）の中に書いた最終ステップ……奥義「成功を捨てる」……、実はまだ、その次に捨てるステップが存在していたのです。

私はその大事なステップを発見し、最後の最後の総仕上げとして「自分自身」を捨てたのです。

現在では、本物の「直観力」を駆使して決断し、本物の成功へ向かっている確信を持っています。

なぜ、私が新たな気づきの境地に達したと思いますか？

それは、私が今まで達成してきた「ささやかな成功」の陰で貪欲に自己成長を究めてきたからなのです。

ビジネスの世界においては、とかく知識やスキルが重要視されがちですが、私は知識やスキルだけに頼ることなく、メンタル面の勉強を最優先し、それを続けてきたのです。深層心理学の本を中心に1000冊以上のビジネス書を読みあさり、様々なセミナーや研修に参加してまいりました。私は20年以上の歳月を費やし、「心のロジック」について、ずっと研究に研究を重ねてきました。それこそ専門家顔負けの理論を作り上げてきたのです。継続的にメンタル面のビジネストレーニングも受講し、特別な技術も磨きました。

と同時並行して、長年の間、現実の営業現場において、壁にぶつかったり突破したりしながら、泣き、笑い、そして、勝ったり負けたりしながら……、まさに「勝ち負けの成功」を卒業した者でしか到達できない「次元の違う境地」へたどり着くことができたのです。

超一流の強い精神力がなければ生き残れないと言われている外資系生保営業の現場

責任者としての経験を通して、数えきれないほどの成功例や失敗例を検証してまいりました。ある意味で、良い「モニター」に恵まれた宝庫の中で働いてきたと言えるでしょう。ですから、決して机上の空論などではないのです。

「営業」とはまさに「人生」の縮図であると言われることがあります。なぜなら、私たちは、オギャーと生まれた瞬間から、おっぱいがほしいと泣きながら営業をし、おもちゃやゲーム機を買ってほしいと親にだだをこねるプレゼンテーションをし、お小遣いを上げてほしいとお母さんにクロージングをかけ、結婚のプロポーズの場面では自分を売り込むアプローチをし、出世のためには社内でのごますり営業も辞さず、買い物をするときには値引き交渉をし……、友人や職場などの人間関係においてもエゴとエゴがぶつかり合うガチンコ営業を繰り返しています。

というように、私たちは、人間として生きている限りいついかなる場面でも「営業マン」なのです。家族に対しても営業、社会生活においても営業、なのです。

営業の世界から学ぶ複雑な「心のメカニズム」は計り知れません。

私はこれまでの経験の中で、数千人という「モニター」の「心と行動」を観察しながら、繰り返し繰り返しロジックを検証できる機会に恵まれていたということになります。

そして、その経験と理論の結晶を私なりに分析し応用した結果、ひとつの革新的な結論に達したのです。

その極意を本書にて、あなたにも伝授させてください。

誰にでも理解できるようにわかりやすい言葉で簡単にまとめました。

本書を読み終えたころには、あなたにも本物のエネルギーがみなぎってきて、自然体のモチベーションが本当の「ツイてる」状態に保ってくれることでしょう。

もう決断に迷うことはありません。

人生に迷うこともありません。

人生の樹海から脱出するための正しい道順を示してくれる「心のコンパス」に従って生きていけばいいのですから。もう無理して頑張らなくてもいいんですよ。単なる

「いい人」から卒業する絶好のチャンスでもあります。

直観力を磨き、自信を持って即決即断。

結果、すべてのことがうまくいく。

最高の人生だと思いませんか？

あなたの仮面が外れ、生き生きとした本物の自分自身を取り戻してくれることを祈っています。

CONTENTS

すごい！「直観力」・もくじ

CONTENTS

FACT 2

「直観力」を磨く ワーク① 高潔になる

FACT3

「直観力」を磨く ワーク② 直面する

CONTENTS

装丁　冨澤崇（EBranch）
本文デザイン　土屋和泉

Fact：01

〝直観で決断〟すれば「すべてうまくいく」

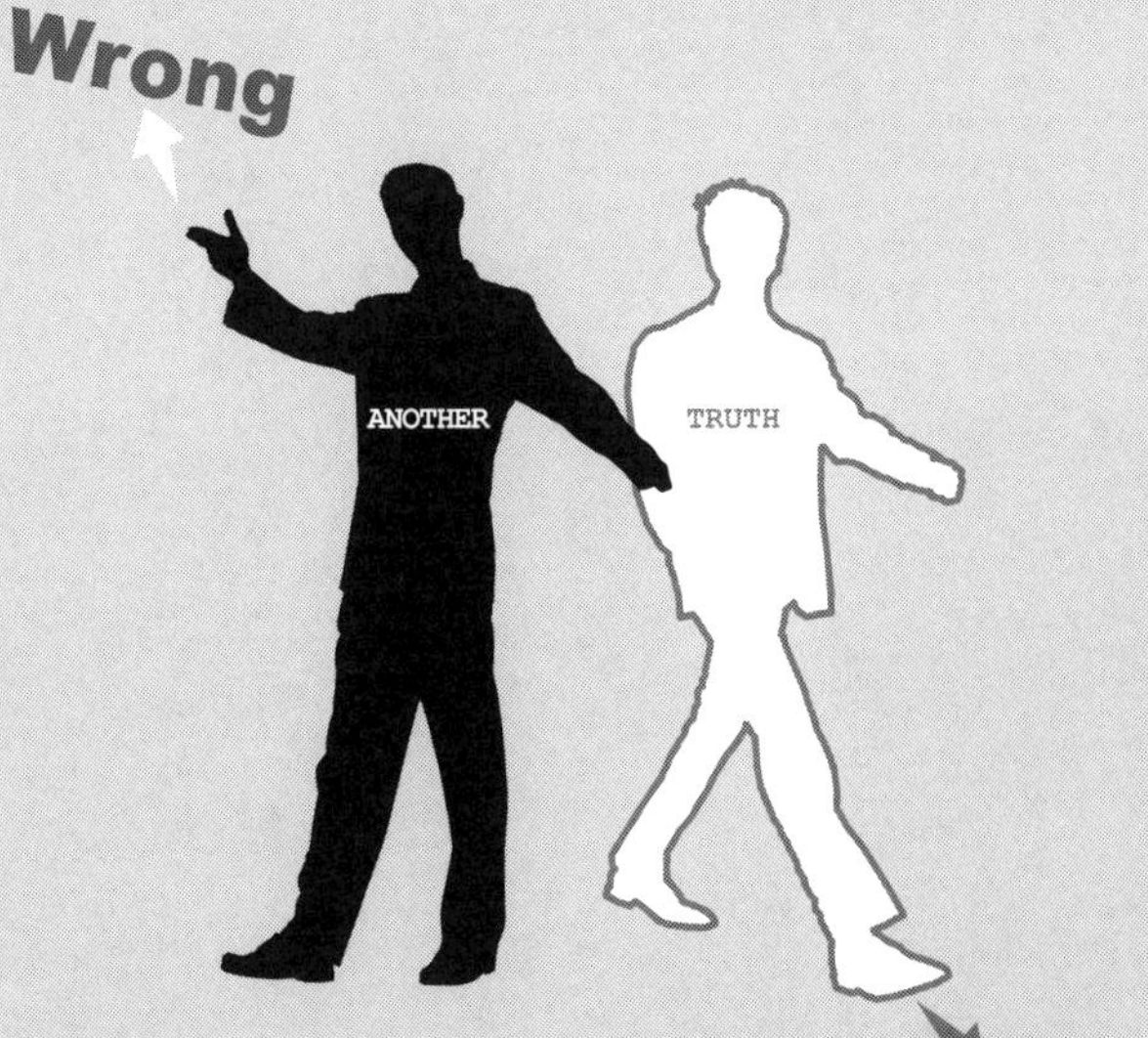

人生は選択の連続である

人生とは、常に選択を迫られます。

日々、選択しないということはないくらい様々な選択に迫られ、そして決断していきます。来る日も来る日も選択の連続です。小さなことから大きなことまで、毎分毎秒、「どうする？」「どっちにする？」という選択を突き付けられ、否応なしに決断していきます。強く意識している決断もあるし、無意識に決断していることもあるでしょう。

右か左か、

上か下か、

東か西か、

北か南か、

青か赤か、

白か黒か、

丁か半か、

グーを出すのかチョキを出すのか、
明日は何をするのか、どこへ行くのか、
誰と会うのか、会うのか会わないのか、
電話するのかしないのか、
メールするのかしないのか、
意見するべきか控えるのか、
受け入れるのか拒否するのか、
信じるのか疑うのか、
どこの学校に進学するのか、
就職先はどうするのか、
転職するべきか否か、
結婚相手はこの人でいいのか、
離婚するべきかしないほうがいいのか、
子供は何人作るのか、
子供の進路はどうするのか、

家はどこに引っ越すのか、
働くのかサボるのか、
電車にするか車にするか、
買うのか買わないのか、
借金するのか我慢するのか、
誘うのか誘わないのか、
付き合うのか付き合わないのか、
宝くじはどこで何枚買うのか、
たばこを吸うのか禁煙するのか、
手術するべきか薬で治すのか、
これを学ぶのかあれを学ぶのか、
資産運用先はどうするのか、
取引に応じてもいいのかやめたほうがいいのか、
ビジネスパートナーはこの人でいいのか、
組織の人事はどうするのか、

採用するのかしないのか、
プロジェクトの戦略はどうするのか、
経営判断はイエスかノーか、
投資効果はあるのかないのか、
チャレンジするのか逃げるのか、
捨てるべきか捨てざるべきか、
などなど、

まさに**一瞬一瞬の決断が人生を大きく左右する**わけです。

その意思決定が成功するのか失敗するのかによって、あなたの人生はガラッと変わってしまうのですから、選択肢が無限にあるように感じてなかなか決断できないこともあるでしょうし、誰かに頼らないと決められない場面もあることでしょう。

「決めないという決断」も一つの決断ですから、**決断することから逃れることは不可能**です。

意外とこのように決断できないことが多いのかもしれませんね。決めないというのは楽ですから、いつも逃げて逃げて逃げまくり最終的な結論はいつも「何もしない」で先送りしてきたというあなた。

もしかすると、優柔不断であったばっかりに、人生の中でどれだけのチャンスを逃してきたか計り知れませんね。

失敗しない決断をするためには

運命を決めてしまうような出会いが成功と失敗の分かれ目になることもあります。あなたも経験があるのではないでしょうか。

あの日あの時の「出会い」や「行動」がその後の人生に大きな変化をもたらした経験、ありますよね。

たとえば、転職のきっかけになったあの人に付いていこうと決めた瞬間、結婚相手からの誘いに乗ったあの日のあの瞬間、そしてプロポーズを受けようと決めた瞬間。

あなたは**人生のあらゆる場面で常に「決断している」**ということがわかりますよね。

その大切な決断を下そうとするとき、失敗したくない、後悔したくない、という思いから、あなたはついつい消極的になりがちです。リスクを回避して安全策を取ろうとしたり、冒険は避けて慎重に慎重に決断していきます。そして、**勇気のなさを「屁理屈」で固めようとします。**

結局、その理屈によって考え過ぎた結論というのは、あなたに突き付けられた選択肢の中から、果たして正しい道を選んでくれるのでしょうか。

いいえ、

ほとんどの場合、その決断は失敗に終わります。

負け惜しみや言い訳を使えば理屈上「正解だったこと」にすることは可能ですが、そんなことを繰り返していると、後悔ばかりが心の底に残りモヤモヤ感は晴れることがありません。

あなたのモチベーションが上がったり下がったりするのは、そのモヤモヤ感が蓄積されているからでしょう。

失敗を受け入れることもストレスですが、自分に対してウソにウソを塗り重ね、自分自身をごまかして生きることもまた大きなストレスを生むのです。

それでは、いったいどうすれば、常に正しい決断を下すことができるのでしょうか。

もうすでにその答えはおわかりでしょう。

理屈で考えるのではなくて、瞬間的に「直観」で決めてしまうのです。素直になって、あなたの直観に従ってみてください。そして、その「直観力」に磨きをかけてください。

「直観力」、それこそがあなたの人生を幸せな道へ導いてくれるキーワードなのです。

「捨てる」絶妙なタイミングとは

昨年夏に出版した拙著『「捨てる」成功法則』（総合法令出版）をテーマにした講演会に来場された方々からよくされる質問として、

「捨てることが大事だ、ということはよくわかりました。ではどのタイミングで捨てればいいんですか?」

「捨てることを決断するにはどうしたらいいんですか? どうやって決めるんですか?」

という決断の仕方についてのものがあります。そのときの私の答えは、決まっています。

必ず次のように回答します。

「直観ですよ、直観!」

そうなんです。**すべては直観で決めてしまえばいい**のです。

とはいっても、適当に勘で決めろという話ではありません。勘違いしないでください。「直感」ではなく「直観」で決断してほしいのです。よく「観察」した上で決断してほしいのです。目を逸らさずに直視してほしいのです。ごまかさずに、逃げずに、事実の中の本当の事実だけをあなたの目で、あなたの心で、あなたの体で、ありのままのあなたを「使い」よく観察してほしいのです。捻じ曲げず真っ直ぐに……。**勇気をもって「直面」**してほしいのです。

「直観力」を磨くと事実の中に真実が見えてきます。あなたの未来にとって、本当に正しい解答がまるで魔法のように見えてくるから不思議です。それはある意味、**「根拠のある予知能力」**といってもいいのかもしれません。反対に、錆びついた「直観力」のままでは、誤った選択、誤った判断、誤った決断、が続くことになります。結果、当然ですが、悩み多き人生を打開することはできません。

残念ながら……。

直観力を磨けば磨くほど正しい決断ができる

たとえば、今のあなたのお仕事……、**磨かれた直観力で決断し選んだ職業でしょうか。**本当に自分が入りたかった会社だったのでしょうか。もしかすると世間体や安定を考えて出した結論だったのではありませんか。もしかすると、誰かに勧められたからなのではありませんか。自分がどう思うか、ではなくて、他人から見たときどうなのか、ということを判断基準にしてきませんでしたか？

その結果、現在のあなたは心の底から「幸せである」と声高らかに宣言できるでしょうか？

たとえば、今のあなたの結婚相手……、

磨かれた直観力で決断し選んだ相手でしょうか。 本当に自分が愛した相手なのでしょうか。もしかすると世間体や安定を考えて出した結論だったのではありませんか。もしかすると、誰かに勧められたからなのではありませんか。自分がどう思うか、ではなくて、他人から見たときどうなのか、ということを判断基準にしてきませんでしたか？

その結果、現在のあなたは心の底から「幸せである」と声高らかに宣言できるでしょうか？

反論もあるでしょうね。

「妥協したり失敗したりするのが人間じゃないの。それが人生でしょ」というあなたの心の声が聞こえてきそうです。

そんな悲観的な人もいるかと思えば、逆に楽観的な意見も出てきそうですね。

「失敗の連続でも、後悔の連続でもいいじゃないか。そこから何を学ぶのかが大事なんじゃないのか」と自分自身を慰め、転職や離婚を繰り返しながら「前向き」に生きている人、いますよね。

う～ん、なんともったいないことでしょう。

先日、営業系の講演セミナーである有名な先生がこんなことを言っていました。「営業というのは、『向き不向き』じゃない。『前向き』だ！」と。さらに、「営業とは、可能性のある芸術だ！　営業とは、自分磨きの旅だ！」とも叫んでいました。さすが、うまいことを言うもんだと膝を叩いて感心した私でしたが、でも実際、**前向きさだけじゃ通用しないのが営業の世界の厳しさ**です。やはり大切なのは、その仕事に向いているのか、向いていないのか、その判断なんじゃないでしょうか。

修行して成長していく、ということも大事なのでしょうが、そもそも好きな仕事なのか、本当は嫌いな仕事なのかは、自分自身で本能的に感じているはずですよね。直観的に正しい判断さえできていたら、そんな苦労をしてまでも無理矢理に「自分磨きの旅」に出なくても済むのではないかと思うのですが……。

あなたはどう思いますか？

たとえば、私が長年キャリアを積んできた厳しい生保業界のフルコミッションセールス。継続的に結果を出すことが困難になり、営業社員の多くは短期間で挫折していきます。ほとんどの人が壁にぶつかって脱落していくのですが、その割合は、会社や支社、営業所といった組織によってかなり違ってきます。では、退職率の低い組織は飛びぬけて育成力が優れているのかというと、そうとは限りません。もちろん、管理・育成といった要素も大事なのですが、実際のところは、良質の人材を採用しているかどうか。結局は「人材」によるのです。優秀な人材であるかどうかを見極めるその判断力の違いによって、脱落者が多い組織と脱落者が少ない組織との差が顕著に表れます。

こんなことは、今さら言うまでもなく当たり前の話なのですが、実際はこの判断がなかなか難しいのです。面接試験などを通して様々なデータを分析し、科学的に適性を判断するのでしょうが、最終的な判断は人がすることとなります。そして、そのほとんどの判断は誤ったものとなるのです。

また、応募する側の判断も同じであるといえるでしょう。

正しい「直観力」で判断を下せる人は少ないのです。

優柔不断さは直観力の欠如

さらに、妥協組、楽観組、とは別に、理想を追い求め過ぎて決断できていない、という人たちもいそうですね。これまた残念です。理想の結婚相手を求めて、何度も何度も出会いと別れを繰り返しては「理想の人が現れない」と焦っている人、または、「理想の人と出会うチャンスなんてないから」と誰とも付き合おうとしない人。

理想の仕事を求めて、何度も何度も転職を繰り返しては「自分にあった仕事がない」と嘆いている人、または、職に就こうともしない人。

いつも心が満たされないまま具体的な行動に移せない理想組の人たちもやはり、「直観力」が磨かれていないばかりに幸せを逃している可哀相な人たちなのです。「直観」の力を知らないで生きてるだなんて……、お気の毒としか言いようがありません。

たとえば、モデルのような絶世の美女で性格も優しいのに、なかなか結婚相手が決まらない、という女性。あなたの周りにもいませんか？

この方、実は、男運が悪いわけでも、男の品定めをし過ぎているわけでもありません。

原因ははっきりしています。

「直観力」の欠如なんです。

あなたはもっともっと大きな成功を手に入れることができます。あなたはまだまだもっともっとたくさんの幸せを手に入れることができるのです。なぜなら、あなたは「直観力」が磨かれていなかったばっかりに、不幸になるための決断を繰り返してきてしまっただけなのですから。

「直観力」が未熟だったあなたは、**幸せになることから逃げる決断を繰り返してきた**……、ただそれだけなのです。

「捨てる」成功法則のカギは直観力が握っている

私は前作『「捨てる」成功法則』の中で、成功さえも捨ててしまえ、と書きました。それが奥義であるとさえ叫びました。そんな大きなものを捨てるときも、やはり直観に従うことが正しい道を切り開いてくれるのだと、私は実体験で学んできたことを多くの人たちに伝えてきました。

「捨てる」ことの重要性は、ここでは省かせていただきますので、その法則については、私の書籍（『「捨てる」成功法則』）をぜひ熟読してみてください。ただし、実は「捨てる」生き方だけでは、あなたが心の底から望んでいる幸せを引き寄せることはできません。

磨かれた**「直観力」に基づいた「捨てる決断」**が必要なのです。

直観力を身に付けないままいろいろなものを捨てていくと、恐ろしいことになっていきます。気がついたころには、『「捨てる」成功法則』に従って生きていたと思いきや、『「逃げる」不成功法則』に従って生きていた、という辛い現実が待っているかもしれません。

「直観力」の未熟さは、「捨てられない悲劇」をも生んでしまうのです。あなたは、あれも捨てられない、これも捨てられない、と過去に縛られ、心に「ゴミの山」を背負ったまま、「疲れたー、疲れたー」と愚痴りながら、生きていくことになります。

ホント、お疲れ様です。

たとえば、あなたの今の職場。もしかすると、本当はもうイヤでイヤで辞めたいいんじゃないんですか?

なぜ、辞めないいんでしょうか?

えっ?

「今はまだ、とりあえず……」ですか?

「慣れている仕事だから……」ですか？

「ほかに仕事がないから……」ですか？

それとも、

「なんとなく……」ですか？


そうですか。わかりました。

それもまた、「直観」ですよね。

正しい判断であることを祈りますけど（笑）。

幸せになるための結論はもう一人の自分に聞け

では、直観力を駆使して、正しい決断ができるようになるためにはどうすればいいのでしょうか。

「直観力」を磨くためにはどうしたらいいのか？

それを知るためには、まず、なぜあなたの直観は、現在のあなたを正しい道へと導いてくれないのか、そのロジックを考えなくてはなりません。

なぜ、あなたの直観は間違った決断をさせるのでしょうか。


その理由は何なのか？

その根本的な原因はいったい何なのか？


そのワケはですね、実は**「偽者のあなた」が決断しているから間違った結果を導いてしまう**のです。

「本物のあなた」がちゃんと決断すればうまくいきます。


えっ？　なんですって？

「偽者も、本物もない！　自分は自分だ！」ですか？

そうですよね。あなたがそう言いたい気持ち、よくわかりますよ。普通に考えたらそうですよね。でも、本書は普通の本ではありませんからね（笑）。

あなたが長年ずっと信じ込んできた価値観が１８０度ひっくり返るだろうという理

論をこれから展開していこうとしているのですから、まあ、そう頑固に意地をはらずに、こういう考え方もあるのかと、頭を柔らかくして読み進めてみてください。

たとえば、ランチを会社の同僚と食べに行ったことがありますか？　ありますよねぇ、もちろん。毎日一緒に行く仲良しの相棒が決まっているという人も多いかもしれませんね。

そうですねぇ、それでは、今日のランチはラーメン屋ってことにしましょうか。

そのとき、自分の食べるランチの注文は当然自分で決めますよね。同僚の人に決めてもらうことはほとんどないでしょう。奢りならともかく……。当然、自分の食べたいものを自分でオーダーします。「とんこつチャーシュー麺」ならば「とんこつチャーシュー麺」を……オーダーするでしょう。自分が食べたいものを自分で決めるのですから、自分が好きなラーメンを食べることができます。

ところが、いつも同僚が勝手にオーダーしてしまうとしたら、いかがですか？　好みを知り尽くしてくれている同僚が気をきかせてくれて思った通りの料理が運ばれてくることもあるかもしれませんが、普通は自分の思い通りのラーメンは出てきません。

嫌いな味噌バターラーメンが出てきたり、昨日食べたばかりのネギラーメンを2日連続で食べなくてはいけないかもしれないですよね。ダイエット中なのに「スタミナデラックスラーメン定食大盛り」が「チャーハンと餃子付き」で出てくるかもしれません。

すし屋に行って、ちらし寿司を食べたいと思っているのに、鉄火丼が出てきて……、イタリアンに行って、パスタを食べたいと思っているのに、ピザが出てきて……、そば屋に行って、天ぷらうどんが食べたいと思っているのに、カツ丼が出てきて……、

というように、偽者の自分が決断して生きていくということは、ランチタイムに好きな料理を食べることができない人生と同じだということなんです。

本物のあなたは何も決めることができずに、「何者かが」「誰かが」「もう一人のあなたが」勝手に決めてしまうのです。それは、食事だけではありませんよ。すべてのことをあなたの意思と関係なく、勝手に決められてしまうのです。

新宿から山手線に乗って品川へ行きたいのに、目黒で降りてしまう……、

沖縄に旅行へ行きたいのに、宮崎に着いてしまった……、

ゴルフをしにゴルフ場へやってきたのはいいけど、手にはテニスラケットを握っている……、というように、

何もかもあなたの思い通りになりません。

どう思います？　そんな人生。

やっぱり、イヤですよねぇ？

「営業目標が達成できない」

「好きな人と結婚できない」

「ほしい物が買えない」

「給料が上がらない」

「ダイエットしても痩せない」

「頑張っても褒めてもらえない」

何もかも思う通りにならない人生なんて。

イヤに決まっています。

本当の心は正しい答えを知っている

「本物のあなた」は「本物のあなた」ですから、凄いんですよ。あなたの思っている通りに……、あなたが目指すゴールに向かって……、あなたが自由に生きたいように……、あなたが本当に望む幸せを手に入れるために……、正しく決断し、正しい方向へとあなたを導いてくれます。にもかかわらず、**「偽者のあなた」がいつも邪魔をしてしまう**のです。「偽者のあなた」が勝手な判断をしてしまったり誤った決断をしてしまうのです。結果、間違った不幸の道へと導かれていくのです。

偽者のあなたというのは、常に周囲の環境や他の人々から悪い影響を受けてしまいがちなあなた……、いつも周りに振り回されているあなた自身のことです。

あなたは、いつも周囲に気を使って緊張していませんか。
あなたは、嫌われないように嫌われないように我慢していませんか。
あなたは、何か後ろめたい気持ちからビクビクしていませんか。
あなたは、人の意見に対して同調し自己主張できないままではないですか。

それって本当に本物のあなたなのでしょうか。その繰り返しでは、ストレスがたまって病気になってしまったり、表面上は協調性を保ってはいるものの薄っぺらい人間関係しか構築できないでしょう。できれば、人とはかかわりたくない、という感情ですよね。もう人間関係なんてうんざりだ、という疲れ切った人生。

そう……です。その結果、**無責任な「偽者のあなた」が不幸ばかりを引き寄せてしまう**のです。

だってそうでしょ？　当たり前ですよねぇ。「偽者のあなた」は、偽者なんですから、本物のあなたじゃありません。本物のあなたじゃないんですから、あなたが本当に望む成功が手に入るはずがありません。残念な結果ばかりが永遠に続くのです。いっとき良い結果に見えたことでさえ、長続きしません。

たとえば、3年周期で飽きてしまう、3年周期で挫折していく、という人がいます。その人は、おそらく偽者の耐久期限が3年なのでしょう。「化けの皮」の消費期間が3年なのでしょう。あなたの周りにもいませんか？　何をやっても長続きしない人。いますよね。

えっ？　あなた自身がそうですって？

そうですか、そうですか。であれば、この先はさらにもっと真剣に読み込んだほうが良さそうですね。

「あなた」が「あなた」だと信じてる「あなた」は「あなた」ではない

それでは、「本物のあなた」に正しい決断をしてもらうようになるにはどうすればいいのか。

それにはまず、プロローグでも述べたように、次にあげる難解な「言葉の方程式」を理解する必要があります。

あなたがあなただと思っている『あなた』はあなたではありません。

ということです。

今もまだ、「なんのこっちゃ？」という感じでしょうか。難しいですか？
混乱していませんか？　大丈夫でしょうか？
ちょっと落ち着いて、整理して考えてくださいね。

それでは、ここのところは重要ですから、
ここでもまた、別の表現に変えてみましょうか。

あなたがあなた自身だと思い込んでいる『あなたであるその人』は真実のあなたではありません。

という言葉の方程式ではいかがでしょうか。理解できますか？

つまり、『あなたであるその人』というのは、**今あなたがあなただと思い込んでい**

るあなた、なんです。

いわゆる日常の「あなた」のことです。

そうそう、あなたが今、不思議そうな顔をしている自分自身に向かって「えっ？ このオレのこと?」「えっ？ このアタシのこと?」と、人差し指を向けているその人、

その「あなた」のことです。

偽りの自分に動かされている

あなたがあなただと認識している『あなたであるその人』のことをわかりやすく例えるならば、あなたが作り上げた「心のクローン人間」、または「お気に入りの蝋人形」を自分の目の前で操っているのだと考えてください。

しかもあなたは、**『あなたであるはずのその人形』のことを気に入っています。**お気に入りのその『あなたであるはずのその操り人形』によって、今のあなたのささやかな幸せがあると信じています。それなりに成功している人であれば、その成功はそ

の『あなたであるはずのその操り人形』によってもたらされたと信じて込んでいますから、「偽者」の仮面を外すことは容易ではありません。むしろ外すことに抵抗を示すのが当たり前なのかもしれません。

いやいや、私は自分が嫌いですから気に入ってなんかいませんよ、という人もいるかもしれませんね。しかし、嫌いだと思っているほうの自分も偽者なんです。もちろん、自分に嫌われていると思っている自分もまた偽者です。偽者とニセモノの対決。これを専門家は「葛藤」という表現をしたり、「劣等感」と呼んだりしますね。

いったい本物のあなたはどこに隠れてしまったんでしょう。

あなたとかかわっている周囲の人たちも、あなたが気に入っているのと同じように、または、あなたが気に入っているか気に入っていないかにかかわらず、その『あなたであるはずのその操り人形』のことを気に入ってくれています。だから、始末が悪いのです。あなたはますます気に入られようと偽者を演じることになりますよね。その人形を操らないことには生きていけませんから。

というよりは、とにかく**目の前の人形を演じていないことには、人間関係が複雑に絡み合っているこの世の中では生きていけない、**と、あなたが思い込んでいるだけなのですが……。

たとえば、無理して演じているのは職場だけの付き合いだけじゃないかもしれませんよ。

もしかすると、あなたの「親友」は、偽者のあなたを「いい奴」だと思って仲良くしてくれているだけかもしれません。もしかすると、あなたの「彼氏」や「彼女」だって、偽者のあなたを「愛している」だけかもしれません。

悲しい現実ですが、もしあなたが、人間関係に疲れを感じていることが多いとしたら、疑ってみる必要がありますね。

「あなた」が偽者かどうかを。

本物のあなたは、いつもコピー人形の陰に隠れて上手にコントロールしているものの、いかんせん、偽者の陰にいる限りは、本当の自分自身を堂々と表現することは、やっぱりできないのです。

実際は相手を受け入れていない「不寛容」なまま、**見せかけの協調性**で接するしかありません。その結果、人間関係に疲れてしまいます。

残念ながら、深い信頼関係は築けないのです。

「いや、違う！　私は私だ！」と、そう思いたいあなたの気持ちはわかります。

いや、『あなたであるはずのその人形』の気持ち……、痛いほどわかります。

私自身もかつてはそうでしたから。

仮面を外せ！

「あなたであるその人」は、人生のどこかの時点で「自分は自分という存在でいてはいけない」と決めるきっかけになった出来事に遭遇しています。このことについては次の章で詳しく述べますが、おそらく記憶の彼方にある幼少時代かもしれないし、まさかあんなことが、と軽く考えている出来事かもしれません。とにかく、その時からあなたは、**もう一人の自分が「偽者の仮面をかぶった自分」を演じて生きてきました。**

二重に仮面をかぶっているかもしれませんし、三重にかぶっているかもしれません。もしかすると、何重にも何重にも、そのまたさらに何重にも数えきれないほどの仮面をかぶり、本物の自分はどこにいるのかわからないくらい奥の奥に抑圧してしまった人もいるのでしょうね。

まずは、このロジックを理解しないかぎり、本物の自分が正しい決断を下し、幸せな人生を送ることはできません。

ではそろそろ、あなたを操っているその「心のクローン人間」や「お気に入りの蝋人形」の呼び方を統一しましょうか。

はい、そうです、プロローグで仮に名付けた「偽者のあなた」のニックネーム、覚えていますか?

ここで改めて……**「アナザー(another)」**と正式に命名することにしましょう。

しつこいようですが、

「アナザー」と「あなたー」を区別してください（笑）。

それがしっかりと区別できたとき……、

新しい自分が見えてきます。

「あなた」が「アナザー」でない「あなた」によってコントロールされるようになったとき……、

あなたが「本物のあなた」として自然体で生きていけるようになります。

その結果として、**あなたの「直観力」は冴えわたり、豊かで誇り高き人生を送ることができる**のです。もう毎日がパワー全開となります。モチベーションの維持などに労力を注ぐ必要はありません。もうモチベーションは上がったり下がったりしないのですから……。自然にモチベーションが湧き上がってきます。心の温度計は、お風呂のお湯のように冷えたり熱くなったりしません。常時、熱湯（熱狂）です。スイッチなどいらないのです。温泉のごとく沸々と湧き上がってくる「やる気」と「勇気」があなたを豊かなる人生へと導いてくれます。正しい「直観力」に基づいて……素敵な場所へと連れて行ってくれます。

本当のあなたはそういう人なのです。

十数年前、名古屋に住んでいたころ、ある有名な製菓メーカーの専務・Iさんから「私の好きな言葉なんだ」といってこんな言葉をいただきました。

『Born Rich』……『人間は生まれながらにして豊かである』

私の心にも深く刻み込まれている言葉となりました。心に沁みる言葉です。

本当のあなたは、豊かなのです。

本当のあなたは、誇り高き人なのです。

あなた自身の人生が「アナザー」の支配下にある限り、直観が正しい判断をしてくれることはありません。様々な場面で求められる重要な自己決定力を発揮することは困難となります。いつも確信が持てず、意思決定できない不甲斐ない日々は、あなたからますます自信を奪っています。優柔不断で何も決められずに迷ってばっかりの人生が死ぬまで続きます。

たとえば、テレビCMを見ていると、「メガ幸子」というコピー人形がベテラン女性演歌歌手と一緒に登場してきますよねぇ。見たことありますか?

大きな「アナザー」に支配されている人は、あんな人形をイメージしてもらえたら理解しやすいのではないでしょうか。

「メガ・アナザー」に隠れてしまっているあなた……。こっちからは全然見えませんよ。本物のあなたが大きな偽者のあなた=「メガ・アナザー」の陰に隠れて見えません。

周囲の人から見た「メガ・アナザー」はどう映るのでしょう。もしかすると、大きな存在に見えるかもしれませんね。頼りになる存在に見える人もいることでしょう。初めて会った人からすると、凄いインパクトですよね(笑)。「メガ幸子」ならぬ「メガ・アナザー」ですからねぇ。

しかし、所詮、偽者ですから、そのうちに化けの皮が剥がされるか、または、飽きられてしまうのがオチでしょう。偽者であることがバレないようにバレないように相手と接していくのは、本物のあなただって疲れちゃいますよねぇ。もう大変なことです。

アナザーの後ろ側に隠れているあなたは他人とのコミュニケーションを差し控えることになりますから、人間関係は円滑に進みません。もちろん、トラブルや悩みが尽きることなく、解決にも時間がかかったり、悪い方向に展開してしまったりします。

あなたは感じたことがありませんか？　いつも自分と相手との間にある「違和感」を。

今、感じていませんか？

おそらくあなたは、人とのコミュニケーションを邪魔している目に見えない「空間」というか「障害物」のようなものを日常で感じているはずです。向こう側に踏み込ませないようにしているそのバリアーはいつもあなたを疲れさせ、あなたにストレスを感じさせているはずです。

その距離間を感じながら人と接している限り、たとえ目先の一時的な成功が手に入ったとしても、その成功が長期間に渡り続くことはありません。必ず停滞し、下降線をたどり、苦労に苦労を重ね……やがて、挫折が訪れます。そのような状況になっても、アナザーが本物のあなたを操っている限り、多くの人たちは自分で自分をコントロールすることはできません。アナザーの存在に気づかない限り、常に他人からコン

トロールされてしまいます。騙されたり、裏切られたり、誹謗中傷に苦しめられたり、攻撃されたり、支配されたり……、

人間関係に振り回されます。

それでいて、あなたは人に依存しなくては生きていません。

なぜ、依存してしまうのか。それは、あなたがあなたでないからです。あなた自身がそこにいないからです。「信念」など存在しようがありません。そこにあるのは「なんちゃって信念」ですから、あなたはいつも「不安」です。いつも何かを恐れています。アナザーとの関係を断ち切れない限り、人に依存してしまう「甘えの構造」から抜け出すことはできないのです。

それでいて、あなたはいつも嘆きます。

「いい縁に恵まれない」と。

そしていつものようにグチが始まるのです。

「ツイていない」と。

なぜ泣きたいのに顔は笑ってしまうのか

私の知人に、美容師をしているMさんという女性がいます。

Mさんは働き者です。将来は自分の店を持ちたいという夢も持っています。

そのMさんが現在勤務しているお店の女性店長は大変厳しい指導をする人で、仲間の美容師さんたちは次々と辞めていってしまいます。

新人さんも育たないうちに数か月でみんな辞めてしまいます。

店長は確かに腕もいいですし、仕事もできるのですが、思いやりというものがまったくありません。管理とは支配することだと思っています。誰も店長に逆らうことはできないのです。

その中でも、不満も言わず一生懸命に働くMさんは店長のお気に入り。田舎から東京に出てきて友人や身寄りも少ないMさんは何かと店長に頼ることになります。

しかし、可愛がられているようでも、実際は奴隷同様の扱いです。

休みの日も何かと用事を言いつけられ、プライベートも何もありません。

朝早くから夜中まで肉体的にも精神的にも相当ハードな日々が続きます。時々、食事をごちそうになるのですが、常に恩着せがましい態度でMさんにプレッシャーをかけてきます。目をかけてもらえばもらうほどその何倍も見返りを求められる辛い毎日。まさに「ハリネズミの抱擁」そのものです。

Mさんは次のような言葉を自分に言い聞かせて励まします……

「店長は自分のことを思って厳しく接してくれているんだ。頑張って早く一人前になろう」

と。

しかし、鬼の店長の要求はますますエスカレートするばかり。それでも、Mさんは耐えに耐えて頑張ります。心では泣いていますが店長の前では顔は笑っていなければなれません。店長のご機嫌を損ねたら大変なことになるからです。いつもビクビクしながら、どんなに腹が立つときでも、**笑顔、笑顔**です。

その後、Mさんはどうなったと思いますか?

Mさんはやがて、強いストレスから胃に穴が空いて、長期入院するはめになってしまいました。

もうひとつ、身近な実話をご紹介しましょう。

私の知人に、ある飲料メーカーに勤める夫婦共働きのJさんという女性がいます。Jさんには、3歳になる男の子がいますが、昼間は子供を保育園に預け一生懸命に家事・育児と仕事を両立させています。

いつも元気いっぱいに振る舞い、笑顔・笑顔で張り切っているJさんは一見するととても幸せそうに見えるのですが、実はJさん、夫からの酷いDV（家庭内暴力）に悩まされています。

Jさんも息子も、夫から殴る蹴るの暴行を受ける毎日。もちろんJさんには何も落ち度はありません。殴られるかどうかは、夫の機嫌次第ですから、Jさんはいつも機嫌を損ねないように、ビクビクしながら**笑顔、笑顔**を作っています。

本当は泣きたいのに、顔は笑顔を作っているのです。

家の外でも決して辛そうな表情を見せることはしません。婚前の交際期間はほぼゼロで、結婚したきっかけは妊娠でした。

夫は今でも定職につかずその日暮らしのアルバイト生活。Ｊさんの収入に頼っています。Ｊさんが頼んでも生命保険にも加入してくれません。

子供嫌いな夫は、育児にはまったく無関心なのですが、子供がオネショでもしようものならその時は力いっぱい往復ビンタが飛んできます。

やがて、生活に疲れ切ったＪさんはスクーターで交通事故を起こしてしまいます。運よく入院には至りませんでしたが、左半身は打撲で傷だらけアザだらけ。頭も強く打っており、むち打ちで起き上がるのがやっとの状態。さらに神経もやられてしまい、しびれから箸も握れないほどの重症です。

そんな身体のＪさんに対して、夫は夕飯の支度を強要します。

身体の心配は何もしてくれません。それどころか事故相手からいくらお金がふんだくれるかの計算をして喜んでいるような最低の男です。

結局は金にならない事故だと知った夫はこう言います。

「お前よー！　今度、事故るときは、もっと金になる事故してこいよな！　バカ野郎！」

と。

そこでやっとJさんは離婚を決意します。よくもまあ、そんなクズ野郎と4年以上も一緒に暮らしてきたものです。

Jさんは、やっとの思いで離婚を申し出たとのことですが、いまだに話の決着はついていないそうです。

夫は、「俺にはお前しかいないから、別れたくない」と言っているそうです。それゃあ、そうですよね。殴りたいときに殴らせてくれて「笑顔」で尽くしてくれる女性なんて、そうそういるもんじゃありませんから。

美容師さんの話も、DVに苦しむ主婦の方の話も、実際にインタビューさせていただいた実話を要約したものです。お二人とも本当にお気の毒です。

お二人にいつか「本物の笑顔」が戻ってくることを心からお祈りします。

さて、あなたはMさんやJさんたちに対し、バカだなぁと言えるでしょうか。

何を感じますか？

なんちゃってエモーションの恐怖

このように、**どちらか一方の犠牲によって成り立っている関係。**ほかにもよく見かけますよね。たとえば、隣近所で付き合っている、ずうずうしいおばさんと気の弱いおばさん。または、親分子分のような友人関係。どちらも、二人はベッタリと仲良しに見えます。しかし、家庭内のことに口を出されてしまう気の弱いおばさんや何でも言うことをきく子分のような友人。

このような人たちが我慢に我慢を重ねて**「犠牲」**になり、その歪んだ犠牲的精神の元に続いている関係です。

顔で笑って心で泣いて……。心はマグマのごとく怒りにふるえながら、憎っくき相手の前では「笑顔」を作る……。または、その逆の場合もあるでしょう。

このような感情と態度が矛盾している状態を、私は、

「なんちゃってエモーション」と呼んでいます。

あなたも経験ありますよねぇ。

嫌いな上司のつまらないオヤジギャグに愛想笑いを浮かべるくらいはどうってことないのかもしれませんが、嫌いな友人と無理して一緒に笑顔で過ごしたり、断り切れずに笑顔を浮かべてお金を貸してあげたり、参加したくもない飲み会に笑顔で付き合ったり。

常に**オープンマインドでいることは、決して幸せな状態ではない、**ということは間違いないようです。

実は、この「なんちゃってエモーション」を作り上げているのも、「アナザー」のしわざなのです。本当のMさんやJさん自身が笑顔を作っているのではありません。

アナザーが笑っているのです。

不気味ですよね。まるでホラー映画のようです。

ニセポジティブの呪い

ホラー映画といえば、つきものなのが「呪い」ですよね。

私は、拙著『どん底営業チームを全国トップに変えた魔法のひと言』（日本能率協会マネジメントセンター）の「不幸的幸福論」という章の中で、ホラー映画「呪怨」を例にあげて「ポジティブ思考」の大切さを説いています。

不遇の死をとげた母子の悪霊が、呪われた家にかかわった人を次々と呪い殺していくという凍りつくほど怖い映画なんですけど……、この悪霊と同じように、不平不満を抱えたまま、人を憎んで、現実を恨んで、運命を呪っている人は、1日も早くその「呪う気持ち」を成仏させてほしい、と書きました。

そして、呪いを解く呪文は「プラス思考の言葉」だ、と。そう書きました。

「誰のせいでもない。すべてのことは自分にとって幸運な結果を招くことばかりだ。運命は自分で切り開けるのだ。人生すべてうまくいく」という呪文を唱えれば、明るい未来が開けてきて、確実に人生が大逆転する、と。

たしかに……、たしかに、その通りなのですが……、

実は、「アナザー」に支配されている人の場合は、そのポジティブ思考が単なる気休めに過ぎない「ニセポジティブ」で終わってしまいます。呪文の効果はありません。自己を犠牲にしていつもニタニタ笑っているのは、本物のあなたではないのです。アナザーに憑りつかれたコントロールのきかないあなたが笑っているのです。

「笑顔の仮面」を剥がしてみたら、そこに現れる顔は「般若」のように怖い仮面かもしれませんね。

恐ろしいですよねぇ……。

本当は優しくて天使のようなあなたの笑顔はどこにいってしまったんでしょう。

多くの人たちが、自己啓発書に書いてあるようなポジティブ思考で前向きに乗り越えようとしますが、それが**アナザーに支配されたあなた流の『ニセポジティブ』であるうちは、「なんちゃってエモーション」のような悲劇は何度も繰り返されます。**

アナザーが引き起こす悲劇は、「なんちゃってエモーション」だけではありません。

たくさんの不幸を自ら呼んできます。

アナザーの仮面を装着したままでは物事の本質を観ることはできません。現実を直視できずに逃避的な決断ばかりになってしまいます。張本人のあなたはアナザーの陰に隠れて目の前のことや目の前の人に「直面」できないのですから、目の前の問題もその先の問題もなかなか解決してくれません。次から次へと同じような問題が降りかかってきます。

永遠に……。

金に困っている人は、常にお金に困っているという状態から抜け出せません。まさにヤミ金の取り立て屋が心の底に住み着いているかのごとく、いつまでもいつまでも追いかけてきます。恐ろしいですよねぇ。本物のあなた自身は返済したくても、アナザーがそうはさせてくれません。

アナザーは「ニセモノの正当化」を武器にしてどんどん浪費してしまいます。カードでショッピング、ギャンブル三昧、キャバクラ通い、多重債務……と、お金に困っている人の多くは、収入の少ない人ではなく、収入と支出のバランスが取れていない人です。そもそも心のバランスが取れていないのです。
収支のバランス＝あなたとアナザーのバランスが崩れているのです。

男女問題のトラブルで困っている人は、常に男女問題で困っているという状態から抜け出せません。

あなたは、「男運が悪い」とか「女グセが悪い」とか、それを運勢や性癖のせいにしているかもしれませんが、それは違います。それを証拠に、いつまでもいつまでも男女間のトラブルが絶えず追いかけてきているはずです。

本物のあなた自身は落ち着きたくても、アナザーがそうはさせてくれません。恐ろしいですよねぇ。**アナザーは「ニセモノの正当化」を武器にしてどんどん問題を引き起こしていきます。**

嫉妬、浮気、束縛、我が儘、疑心暗鬼……と、異性との関係で悩んでいる人の多くは、愛情をコントロールできない人です。

アナザーにはそんな余裕はありません。なぜなら、「愛」の意味が理解できないからです。

あなたの周囲の人たちの中にも、ズバリ当てはまりそうな人がいそうですよね。

「ああ、あの人はきっとそうだ」と心当たりの人を想像して、膝を叩いているあなたが見えてくる気がします。

といっても、アナザーの仮面に支配されている人は、大きな問題を抱えている人だけの話ではありません。

あなたの周辺で起こっている、またはあなたがかかわっている小さな小さなその事件だって、全部アナザーが引き寄せているのです。

会社内での人間関係が悪いのは環境のせいではありません。

仕事上での業績不振は景気のせいではありません。

家庭内のトラブルはたまたま起こったことではありません。

すべてはアナザーの仕業、そうです「アナザーのシワザー」なのです（笑）。

アナザーは「せい病」の病原体

アナザーは「せい病」を発症させます。といっても、この病気は泌尿器科へ通っても治癒しません。

こちらの病気は、すべて外的要因の「せい」にしてしまうほうの「せい病」です。

実は、人生を不幸にするこの病気について、拙著『「捨てる」成功法則』でも詳しく書きましたが、残念ながら**「ありがとう」という魔法の言葉だけでは治らない**のです。感謝の処方箋は、解熱剤や咳止め薬のように一時的に悪い症状を緩和させることはできるのですが、根治させることは不可能なのです。

アイツが悪い、コイツが悪い、景気が悪い、天気が悪い、会社が悪い、お客が悪い、上司が悪い、政治家が悪い、仲間が悪い、商品が悪い、妻が悪い、夫が悪い、運が悪い、何もかも悪い……私は悪くないのに……、と、すべては自分以外の「せい」にしてしまいます。

この難病を根治させる方法、それもやっぱり**あなたがアナザーの存在を認め、アナ**

ザーを追い出すことなのです。

アナザーに支配されている人の中には、いつも冷めている人がいます。いつも斜めから人と接しています。皮肉屋さんやシニカルな人、何かを諦めてしまっている人たちのことなんですけど、ちょっと想像をしてみてください。

相手の人を正面にして、向き合っている自分のカラダがあるとします。あなたは正面の人と真っすぐに直面しようとしますが、あなたのすぐ目の前には、あなたに背を向け前方を覗きこんでいるたくさんのアナザーが左右に広がり、あなたを邪魔していますます。ですから、後方に隠れた状態になっている本物の自分自身は斜めに出ていかないと前が見えない、そんなイメージですね。

これが、まさしく斜めから人を見ている状態です。イメージできましたか？

楽観主義者は本当に幸せか

そうやって「アナザー」は、あなたを**「不寛容」**にさせます。本当の意味で相手を受け入れることができないのです。

「アナザー」は、**あなたを「不感症」にさせます。**そして**「不干渉」**にさせます。心で感じることができないのです。感覚がズレているわけです。だから空気も読めません。気配りもできません。心から感動することもないでしょう。人が泣いているから自分も泣かなきゃいけない、という程度の計算された感動です。

そもそも干渉しないのですから、興味がないのです。人に興味がない、ってどんなに寂しい感情でしょう。家族に興味がない。パートナーに興味がない。部下に興味がない。お客様に興味がない。世間の人や社会に興味がない。それでいて、人の欠点や短所、弱点には、よく気づきます。いますよね、マイナス面ばっかり指導する欠点探しが上手い上司……。

興味はないのに欠点は目につく、って最悪ですよね。


あなたも時として、うまくいかなくなると「興味がなくなった」という言葉で逃げようとします。

「興味がなくなったからうまくいかない」という正当化は、逃げだしたい時にとても便利な考え方なのでついつい陥りがちです。これもまたアナザーの罠なのですが、なかなかあなたは気づいてくれません。

アナザーが引き起こす**「ニセポジティブ」によって「直面」することができないあなた**であるのにもかかわらず、もしかすると周囲の人からは「楽観的で前向きな人」であると見られることもあり、あなた自身もその「楽観さ」こそが大切なんだ、と**楽観的に逃げ回ってきた**のでしょう。

あなたが感じている（ホントは感じていない）偽者の「楽観さ」は、決してあなたを楽にしてくれません。

一生、楽になれません。

「アナザー」と決別しない限り……。

さて、ここまでしつこくアナザーについてのマイナス面を突き付けられても……、

それでもまだ、

あなたは、アナザーのまま生きていきますか？
それとも、本物のあなたとして生きていきますか？

私早川勝は、20年以上に渡り、最も厳しい業界であると言われている「生保営業の第一線の現場」において、年収数千万円から数億円を稼ぎ出す多くの成功者と接してきました。

長年の夢を実現した人、人生のゴールに向かって燃えている人、家族と共に本当の幸福を手に入れた人など、自分らしく幸せを満喫している人たちを見てきました。

実際に私もその中の一員として活躍してきたという自負もあります。

反面、成功者の数以上に失敗してきた人たちも数多く見てきました。

フルコミッションの世界で挫折し哀れな末路をたどってしまった人も少なくありません。

借金まみれで破産に追い込まれた人もいました。

妻に家を追い出され、お金に困ったあげくマクドナルド裏のごみ箱に捨てられていたハンバーガーをかじっていた、という営業マンも知っています。

成功する者と挫折する者、その違いを生む要因は、いったい何なのか。

メンタルブロックの本当の正体

たとえば、生保営業マンの多くが悩む「メンタルブロック」と呼ばれる厳しい壁があります。

後ろめたい気持ちから仕事に誇りを持てない、
堂々と自信を持って商品を勧められない、
積極的にアポイントが取れない、
嫌われたくないからあと一歩が踏み込めない、
いつも遠慮がちに腰の引けた営業をしている、

など、**本当は存在しない壁であるはずの「メンタルブロック」**、

私は今まで、
それは性格的なものだから……、
スキルの問題だから……、
やる気がないから……、
使命感が足りないから……、
……などが原因だとずっと思ってきました。
しかし、それは大きな間違いでした。

その見えない壁を越えられず多くの営業社員が悩み傷つき挫折して業界を去っていきましたが、メンタルブロック病が重症だった営業社員が、生保業界を辞めた後に幸せになったという話をあまり耳にすることはありません。
どこにいってもその壁に阻まれ苦しんでいるからなのでしょう。

苦しんでいるその理由は、「ある真実」に気づかないまま生きているからなのです。

私はその**「メンタルブロック」の正体**にもやっと気づきました。これもまたアナザーのシワザーなのですが、すべてのロジックが理解できました。まさに目からウロコの完璧な理論で、私はそれをこれから明らかにすることができます。

25万人以上の営業社員が在籍している生保業界全体においてもそれを理論的に語れる人は存在しなかったし、書籍にまとめたのも私が初めてでしょう。

ある支社長仲間のTさんは、よくこんなことを言っていました。

「メンタルブロックなんて言葉を使ってカッコつけてるからダメなんだよ。そいつに根性がないだけなんだよ、まったく情けない！」とまあ、だいたいこんなレベルです。

私は23年目のキャリアを積んで初めて明確な理論と解決策にたどり着くことができました。その「メンタルブロック」の明らかにされてこなかった謎と大きなかかわりを持っている**アナザーの謎、「直観力」の謎、すべての『謎』**について、これから本書の後半に向かって段階を踏んで解き明かしていきます。

もちろん、他業界の方々も、関係のない話ではありません。

「メンタルブロック」というのは、生保営業だけに限った問題ではなく、すべての人にも共通したロジックが隠されています。

あなたのメンタル面において、前に進めないようにブロックしている何か、それを明らかにした上で、一気に破壊してしまおうではありませんか。

それでは、シンプルにお話を進めていきますね。

幸せになれない人、人間関係に悩んでいる人、お金に困っている人、トラブルが絶えない人……、

このような人たちに共通していることは、

結局、自分に「自信がない」、ということ。これに尽きます。**自信がブロックされている状態**なのです。

そうなんです。

「アナザー」に支配されているあなたは、永遠に自信がない状態が続いてしまうので

す。

本物の自信とは

「自信」がない人、いますよね。

なんだかわからないけど、とにかく自信が持てない。自信がないから決められない。自信がないからうまくいかない。自信さえあればできるのに自信がないからできない。自信がないということには自信がある（笑）というくらい、自信がないのですから、そういう人の感情はいつも不安な状態です。

もう不安で不安で仕方がない。不安でいっぱいです。

いくら周囲の人が「大丈夫、大丈夫」と安心させてくれても、「前向きに、前向きに」と励ましてくれても、不安なものは不安ですから、それだけでは一向に不安は解消されません。

全然うまくいく気がしないのですから優柔不断な自分では何も決められない、という最悪の状態が続きます。

それが行き過ぎた状態が**「自己卑下」**です。

いつも「謙虚」な素振りを見せてはいるのですが、それはニセモノです。**本物の謙虚さというのは、本物の自信が根底になければ生まれない**のですから……。

「どうせ、オレなんて……」と自分にダメなレッテルを貼って「自己卑下」に逃げこみます。

その人の本当の狙いは他人からの**「同情」を誘うこと**です。そのためなら何でもします。最大限のエネルギーを同情されることに注いでいく人生なんて、なんて寂しい人生なんでしょう。

自信のなさを「敵意」に変えて、人を陥れようとする人もいます。

人の不幸を喜んでばかりいる人もこの類ですね。ライバルを失脚させるための努力や組織を崩壊させるための絶妙な仕掛け、そして、仲間の誹謗中傷に全力を傾けます。

悲しいかな自信のなさの裏返しです。一見、頭も良さそうで人当たりもよかったりするのですが、この敵意が**「秘めた敵意」**の場合は、なかなか周囲も気づきにくく、あっという間に不幸ウイルスを撒き散らしていきます。

人の夢をぶち壊し踏みにじるために、心の弱まっている人に巧妙に近づき心配そうに「会社のためにそんなに頑張るなんてバカみたいだよ」とか「そんなのできっこないからもうあきらめた方がいいよ」と悪魔のささやきを繰り返していきます。

前向きな人をつぶすために、常にあげ足を取るための材料探しに精力を注ぎ、陰口や悪口をあたかも正しいことのように吹聴して回ります。

あなたの組織にはこういう人、いませんか？

危険ですから見つけたらすぐに排除してください。

自信過剰な人も、「自信のないカテゴリー」に入ります。

まさにアナザーにコントロールされバランスを崩している不自然な状態になっているのです。

わかりやすい特徴として、傲慢、強がり、負け惜しみ、言い訳、正当化、などがあげられます。**「自慢」**している人などもそうですね。**本当は自信がない**わけです。

偉そうに虚勢は張っているけどなかなか成果の上がらない人、こんな人もその仲間に入ります。

自信があるように見せてはいるけれども、モヤモヤっとしている自信のなさがいつも心の底から消えない……**「たよりない自分」と付き合っているような、そんな不安定な心の状態**が続きます。

もしかすると、「オレはそうじゃない！」と自信満々に否定しているあなたにも、少し心当たりがありませんか？

「自信が持てなかった」という体験。過去のどこかの場面で感じたかもしれませんし、ある一定のレベルの人たちの中に入ると感じたかもしれません。無理して背伸びしている自分を感じること、ありませんでしたか？

過剰に緊張しているときなどは、やはり、自分が自分じゃないというか、**得体のしれない「自信のなさ」**に襲われますよね。

もう一度、胸に手を当てて考えてみてください。

優秀なあなただったら尚更、気づくはずです。

「あっ……」

と、やっと気づいてくれましたか？

そうそう、それです、それそれ。今、モヤモヤっとした、その感情のことです。

よかったぁ……。

一点の曇りもない１００％自信満々の人がいたらどうしようかと思いましたよ（笑）。

そのモヤモヤもまた、アナザーの仕業なんですけどね。そう「アナザーのシワザー」です。

はいOK、……ということで、ここで話を前へ進ませようかと思いましたが……、はぁ〜、やれやれ、
またまたあなたの心の叫びが聞こえてきてしまいましたよ。
「そんなこと言っていたらキリがないじゃないか！　誰だって自信がないときだってあるし、不安になるときもある！　それが人間ってもんだろ！　だいたいそんなに完璧に自信のあるヤツなんているのか！」と。

はい、おっしゃる通り。その通りなんです。

完璧に自信のある人なんていないんです。

でも、世の中には、自信は完璧じゃないけど、凄く優秀な人たちがたくさんいます。自信は完璧じゃないけど、一生懸命に生きている人たちがたくさんいます。あなたもきっとそうでしょう。

きっと優秀な方に違いありません。

きっと努力家に違いありません。

私はそんな方たちを応援したいのです。**優秀な人たちをもっともっと優秀にするお手伝いをしたい**のです。やる気のある方をもっともっとやる気満々にしたいのです。

なぜなら、私はその方法を知っているからです。優秀なあなたことを邪魔して生産性を落としているアナザーを撃退する方法を知ってしまったのです。

だから、それをあなたに伝えたいのです。

現実の世界では、自信がないと前へ進めません。自信が持てないとどうしても逃げ込んでしまいたくなります……安全に見える「現状維持」の世界へ。いわゆるリスクが取れない状態ですね。そうすると当然、リターンもないわけで……。

偉い方は皆さん「リスクを取れ」とおっしゃいますし、いろいろな素晴らしい本にもそう書いてあります。

とはいっても、それがなかなか難しいわけですよね。だから、じっとして動かない。「泰然自若」を座右の銘にして動かないことを美徳としていく……って、ステキです。ときにはそれもいいでしょう。そこに「本物の信念」があるのなら……。

ところが、「退屈」や「自己満足」というのは、決して『幸せの扉』を開けてくれません。

『幸せの扉』を開けることができるのは、「本物のあなた」が持っている「本物の自信」だけなのです。心の底から血湧き肉躍るそんな熱狂的な「信念」だけなのです。

ですから私は、あなたに「本物の自信」を取り戻してほしくて、まさにこれから、その方法を伝授しようとしているワケです。

捨てなきゃいけない最も大切なもの

私は今まで、
外資系生保で支社長をしていた2004年に『どん底営業チームを全国トップに変えた魔法のひと言』（日本能率協会マネジメントセンター）、
国内大手生保にヘッドハンティングされてから3年目の2010年に『「捨てる」成功法則』（総合法令出版）、
という2冊の本を出版してきました。

前2作では、
多くの人たちに「自信」を取り戻してほしい、
もっともっと元気を出してほしい、
望んでいる成功を手に入れてほしい、
幸せを感じて生きてほしい、という思いを込めて書きました。
プラス思考の言葉で幸運を引き寄せていくんだ、というメッセージをたくさん詰め込んだ……、魂のこもった私の自信作です。
たしかに、その中に書いてあることは大切なメッセージなのですが……、申し訳ございません……、実は、ただそれだけではまだまだ不十分なのです。
成功でさえも捨ててしまえば、そのスペースにさらに大きな成功が舞い込むだろう、とも書きましたが、それよりももっと大事なものを捨てることを伝えていませんでした。

生きる執着を捨て、成功も捨て、最後の最後に何を捨てるのか。
本当に捨てなきゃいけない一番大きなものとは何なのか。

それは**「自分自身（アナザー）」を捨てる、**ということ。

秘伝・最終ステップの課題「アナザーを捨てる」、これをマスターしてください。

本書でこれからお伝えする**「幸せになるための究極の真実」**と比べたならば、もしかすると拙著の前2冊は、単なる「気休め」程度のメッセージでしかなかったのかもしれません。

1冊目の初級者編でモチベーションがアップし、2冊目の中級者編で成功へのヒントを手に入れたあなたは、いよいよこの「完結編」で大きく飛躍するときがやってきました。

幸運にも、私の本を今初めて手に取ったというすでに上級者であるあなたなら、ここで一気に人生のステージを上げる大チャンスがやってきたといえるでしょう。

「捨てるステップ」の奥義の先にまだ存在していた「秘伝」をマスターすることさえできたら、『「捨てる」成功法則』の中の各ステップである……「不幸になる口癖」も、「悩み」も、「コンプレックス」も、「いい人」も、「ネガティブな妄想」も、「生きる執着」も、「成功」も、ぜーんぶまとめて、一気に捨てることができてしまうのです。

本書を読み切り、まとめて捨ててしまいましょう。

おっとっと、またまたまた、あなたの心の叫びが聞こえてきましたよ。

「はあ〜、もうアナザーだかなんだか、ニセモノの自分については、どうにか理屈はわかったよ〜。はいはい、私はどうせ仮面をかぶってますから〜。自信も喪失してますよー。それは潔く認めるからさ〜。じゃあ、いったい、どうすりゃいいんだよ。いい加減にそろそろ解決方法を教えてくれ〜」

とイライラしている方もいそうですね。

お待たせいたしました。いよいよ、思いっきり解決策を公開する章に入っていきます。もう少しで道が開けますすよ。

これから先の理論が大事ですから、しっかり付いていきてください。

さあ、いよいよ核心に入っていきます。

アナザーの仮面を外して「自信」を取り戻す方法です。

Fact：02

「直観力」を磨く

ワーク① 高潔になる

インティグリティが直観力を磨く

では、いったいどうすれば、「アナザー」と決別することができるか。

いったいどうすれば、あなたの「直観力」が磨かれるのか。

いったいどうすれば、「本物の自信」を持って決断し、行動することができるのか。

解決方法のステップは2段階。

たったのツーステップを踏むだけで、あなたは「直観力」の達人になることができます。そして、その直観により「自信」をもって「決断」した成果があなたの人生を大きく変えることになります。

一つ目のステップは、

「高潔になること」

二つ目のステップは、

「直面すること」

たったこれだけのことです。

それでは、一つずつ順を追って解説してまいりましょう。

まず一つ目のステップである「高潔になること」。

これだけでは、意味がよくわかりませんよね。そもそも「高潔さ」って何なんだと思っている人も多いのではないでしょうか。そんなことで本当に「直観力」が磨かれるものなのかと疑心暗鬼になっている人も少なくないかもしれませんね。

その「高潔さ」という言葉を辞書で引いてみると、「常に厳しい態度で自らを律し、他から尊敬される様子」などと書いてあります。

あれっ？　大丈夫ですか？

「高潔さ」と聞いて……、早くも、腰が引けていませんか？「そんなの無理、無理！」みたいな（笑）。

それでは、もうちょっと噛み砕いて「高潔さ」をイメージしてみましょう。いったいどんな人になるんでしょうね。おそらく、一般の人がイメージする「高潔さ」を単語で表してみると……、

「健全」「純潔」「正直」「倫理」「道徳」「清潔」「公平」「誠実」「真実」「正義」という言葉の集合体になるんでしょうか。

ちなみに、「高潔さ」を英語で表現すると「integrity」。

そうです、**「インティグリティ」**です。どこかで耳にしたことがある言葉ですよね。インティグリティは「高潔さ」という意味なのですが、実は、世界的に見ると奥が深い言葉で……、外資系企業や欧米企業などでは、特に大事にされている言葉なんです。

私も外資系生保に19年間所属していたのでそれはよく理解できます。

特に私の勤務していた会社は買収に次ぐ買収劇により、アメリカ～日本～スイス～フランスと4回も大株主が入れ替わりましたが、たとえどのように組織が変わったとしても……、たとえどんな国籍の人が社長に就任したとしても……、「インティグリティ」の持つ言葉の重みが変わることはありませんでした。

外国の人たちとの話の中で収集した情報によりますと、欧米、特にアメリカの経営者の多くがよくこの「インティグリティ」という言葉を使うらしいのですが、単なる純潔さというよりは、それはもう「人格的に完璧であることだ」と言うのです。

とにかく、経営者であるならば「インティグリティ」こそがすべてである、という表現を彼らアメリカ人はよく使います。

人格者として……、

良い実績や手柄は部下たちに譲って、失敗した場合は自分自身が潔く責任をとる覚悟を持っていなければならない、

誠実かつ公平な心で、部下からの文句や反対意見に対しても真摯に耳を傾ける能力を持っていなければならない、

嫌われないようにと「いい人」を演じて格好をつけたりしない人間性を持っていなければならない、

……と、まあ、俗にいう「徳」とでもいいますか、そういう能力を持っているかどうかが、アメリカの経営者や管理職には求められているというワケなんです。実際に

トップを張っている人たちは、この「インティグリティ」を持ち合わせているのでしょう。

私が毎週、直接ご縁のあった1500人以上の方々へ配信しているメルマガでも紹介したことがあるのですが……、

この「インティグリティ」を大切にしている会社として世界的に有名なのは、ウィスコンシン州のミルウォーキーという田舎街にあるノースウエスタン・ミューチュアルというトリプルAの保険会社です。

この会社は、いわゆる買収・買収を繰り返して規模を拡大していく大手金融機関（株式会社）とは違って、地味な経営と地道な営業活動をしていることで生産性をぐんぐん伸ばしている相互会社なんです。

たとえば、厳しい基準を設けているために世界中の数%の成績優秀な営業社員しか入会できないと言われているMDRT（Million Dollar Round Table）という組織に、このノースウエスタン社では、なんと70%もの割合の営業社員が基準をクリアし入会しているのです。

これはもの凄いことなんですよ。ですから、フルコミッションセールスなのにもかかわらず、「終身雇用」と言われているくらい社員が辞めないそうです。

素晴らしいですよね。高潔な経営陣。

本物のあなたは正義の人

こんな話をすると、「オレは別に経営者を目指しているわけじゃないから関係ない」というツッコミが入りそうですが。実はあなたにも関係が大ありなんですよ。「高潔さ」を身に付けるということは、それくらいのレベルに昇りつめるだけのパワー溢れる能力を身に付けることと同じなのですから。

10人の課をまとめるのも、6人のサークルをまとめるのも、4人の家族をまとめるのも、すべては「経営」なのです。そこにつきまとうのは「人事」なのです。「人事」がうまく回っていないグループは、いつも何かしらの問題を抱えています。間違いありません。

やはり、すべてのグループは人間関係で成り立っているのではないでしょうか。

そして、日常においてあなたを悩ませているトラブルの多くは、人と人との問題が絡んでいるのではないですか？

1対1の人間関係も、ある意味、経営だと言えるのかもしれません。

「株式会社　自分自身」という**人生の経営者であるあなた**にとって、今まさに「高潔さ」が求められているのです。

あなたの人生を増収増益にし、一部上場を果たし、社会にも貢献できる、そんな「人生の経営者」を目指してほしいのです。

たとえば、一家の大黒柱であるお父さん。〇〇家の経営者ですよね。お母さんは、副社長兼経理部長というところでしょうか。

もしも、もしもですよ、本来ならば子供たちに尊敬されるべきお父さんに「インティグリティ」のかけらもなかったら……どうでしょうか？

いつしかその家庭（組織）は破綻し、「家庭（会社）更生法」が適用されるはめになってしまうかもしれませんよね。

ではここで、耳の痛い話かもしれませんが、先ほどあげた「高潔さをイメージする単語」を思い出しながら、一つずつチェックしてみましょう。

心の準備はよろしいでしょうか、お父さん。

健全……あれっ、乱れ切った不健全な生活をしてませんか？
純潔……あれっ、もしかして悪いことして遊んでいませんか？
正直……あれっ、どんな悪いこともバレなきゃいいと思っていませんか？
倫理……あれっ、良心に従って暮らしていますか？　不倫とかしていませんか？
道徳……あれっ、マナー違反ばっかり、約束を破るのも当たり前ではないですか？
清潔……あれっ、体も臭うし心も臭う、汚い生き方で家族に嫌われていませんか？
公平……あれっ、自分ばっかり中心でズルい、って思われていませんか？
誠実……あれっ、威張っていますけど、思いやりや優しさで接していますか？
真実……あれっ、そこにいるのは信念ある本当のあなたですか？　本気ですか？
正義……あれっ、そもそも真面目に正義を語ったことってありますか？

おっとっと、またまたまた来ましたねー、あなたのツッコミ！

「おいおい、冗談じゃないよー。そんなキレイごと言われたってさ。無理でしょ。せめて家の中ぐらいリラックスさせてよー。いつも仕事で疲れているんだしさぁ〜。じゃあ、どこでストレス発散すればいいんだよー。適当に気を抜きながらバランスとって楽しく暮らしていければいいんじゃないのかなぁ？？　奥さんから文句言われて、偽善者みたいな著者からも文句言われて、もう〜ホントにやってられね〜よ！　オレはイチ抜けたぁ！　もう『脱・高潔宣言』するから！　よろしく！」

ははっ、こんな感じでしょうか。

でも、私は何も心配していません。大丈夫です。その心の叫び……愚痴をこぼしているのは「本物のあなた」じゃなくて、「アナザー」のシワザーですから……。安心してください。

あなたは、「高潔な自分」を目指して背伸びしているのが偽者の自分で、「だらしのない自分」が本当の自分だと勘違いしているかもしれませんが、完全なる「真逆」ですから、注意してください。**『高潔が本物』『不潔が偽者』**です。

いいですか。希望を持ってくださいね。

本物のあなたは「正義の人」なんです。「正義の味方」です。

子供のころから、悪者や怪獣を応援していた人はいないでしょう。正義のヒーローを熱狂的に応援していたのではないでしょうか。

今でも、映画やドラマを見ながら、極悪な殺人犯や悪徳政治家を応援する人はいないでしょう。正義の主人公を応援しているのではないでしょうか。あなたには、ちゃんとした人としての正しい血が流れているのです。

本物のあなたは「高潔さ」を元々「持っている」のです。

自分が思わずしてしまった不正行為にも後ろめたさを感じる倫理観を根っこに持っているのです。

ですから、**本当はすべて「知っている」**のです。本物のあなたは、良いことも悪いことも「知っている」のです。**「善の意識」**を持っているのです。

善の意識が人生を豊かにする

本物のあなたは「高潔」なのですから、**「善の意識」**を持っています。

ところが、「アナザー」は、「高潔さ」の意味も、「善の意識」の意味も理解しようとしません。むしろ、対立しようとします。

よく言われる例え話として、「天使と悪魔の対立」などと表現するものがありますが、天使が「本物のあなた」で、悪魔が「アナザー」だと解釈するとわかりやすいかもしれませんね。

ところが、実際にはそんなに簡単に区別することはできません。

なぜなら、あなたは「アナザー」のことを、本物のあなただと思い込んでいるのですから、自分のことを悪魔だなんて、そんなふうに認識できるでしょうか。

なかなかできませんよね。普通の人には、自分を悪魔だと認識するなんてこと……できるはずがありません。甘く見ないほうがよさそうですよ。

そこには、**「罪悪感」**と**「後ろめたさ」**をガッチリと**「正当化」**してしまっている

「邪悪なアナザー」が棲みついているのかもしれません。

要するに、高潔さを身に付けるということは、本物のあなたがすでに持っている「善の意識」を育て、「邪悪なアナザー」を追い出すということなのです。

なるほど、**あなたの人生を豊かにするためには、「人生の経営者」として「インテグリティ」が不可欠**だということがわかってきましたね。

それでは、経営者が求められる最も大切な能力とは何でしょうか?

「決断力」ですよね。これはよく言われること。常識です。

トップ企業の経営者も、ノースウエスタンの経営者も、常に選択を迫られて決断を下し、成功への階段を登ってきたはずです。

では、どうやって決断し、成功してきたのでしょう。

豊富な知識とデータに基づいてでしょうか。それとも、高いＩＱや先見の明を持ち合わせた天才だったからでしょうか。

もちろん、そういう要素もあったことは否定しませんが、最終的にいつも彼らを助けてくれたのは、**「直観力」**……だったのではないでしょうか。

窮地に立たされたイチかバチかの決断は、一度や二度ではないはずです。そのときに力を発揮したのは、やはり「直観」であったに違いありません。

ですから、世の中の成功者は、何が成功の要因であったのかと聴かれたときに……、必ずこう答えるのです。

「運がよかった」と。

勇気は人のために使うもの

さーて、ここまできてやっと、**「直観力」と「インテグリティ」が密接な関係の元に成り立っている**ということが解ってきました。

私は、長い間、外資系企業に勤務してまいりましたので、この「インティグリティ」という言葉が飛び交う世界で生きてきました。

たとえば、一般社員の間においても、

いい仕事をしたときには……、

「それってさ、インティグリティ入ってるよねー！　グッジョブ！」

と、称えあうこともありますし、

反省が必要な成果しか出せないときには……、

「えぇー、その動きはちょっと、インティグリティに反するんじゃないの！」

と、お互いを注意し合うこともあります。

欧米だけでなく、国内においても外資系企業や一部の日本企業などでは、このような日常の会話の中で「インティグリティ」という言葉が使われることもあるのですが……。

一般的な日本企業でいうところの「組織や上司の命令には絶対服従しなさい」というリーダーシップとは、まったく意味が違いますので注意してください。

この「integrity（高潔さ）」を私たちビジネスマン的に定義すると次のような能力になるのではないでしょうか。

人生の目的を達成する勇気、
ミッションを果たす勇気、
信頼関係を築く勇気、
正義を貫く勇気、
問題を解決する勇気、
真実を探求する勇気、
成長を止めない勇気、
信念を曲げない勇気、
変化を恐れない勇気、
自己を超える勇気、

勇気ですよ、勇気、**「決断する勇気」**。
使っていますか？「勇気」

普段は意外と使ってないんですよね〜みんな。自分で勝手に勇気がないと思い込んでいて……。ホントにもったいないですよね。

あなたにも使えるんですよ、「勇気」。

なぜならば、元来あなたが持っている能力なんですから。ただ、普段は「アナザー」によって封じ込められているだけなのです。

あなたにもぜひ、「勇気」を使ってほしいのです。

人のために。

世の中のために。

自分のために使おうと思っちゃダメですよ。それでは高潔とはいえませんから「アナザー」に邪魔をされてしまいます。

そう、ですから、**勇気は人のために使うもの、**なんです。

言い換えれば、「勇気」とは、自分への執着を捨てることでもあるのです。

社会全体をより幸せにするエネルギーを、
仲間をより元気にさせるパワーを、
家庭をより平和にさせる愛を、
それらを与えるために、偉大なるあなたの「勇気」を最大限に使ってください。
本来は高潔であるあなたならできるはずです。

さて、「高潔さ」について、いろいろとごちゃごちゃと書いてきましたが、勇気ある高潔な人物とはどのような人なのか……、さらにイメージしやすい表現にして、ひと言でまとめるとするならば、それは、

「ブレない人」です。

正々堂々と、信念を貫く誠実で強い人っていうのは、

とにかく、ブレない、ですよね。

どんなことがあっても、人からどう思われようとも、絶対に正義を曲げない。そんな「ブレない人」でありたいですよね。誰もが。

自分勝手で頑固な人と、一見似ていますけど全然違いますからね。誤解のなきよう宜しくお願いします。

それでは、その「ブレない人」をイメージする上で象徴的な、皆さんでも知っている有名人は誰か、私なりに考えてみたところ、頭に浮かんできたのは……、
映画「沈まぬ太陽」にて渡辺謙さんが演じていた主人公です。ご存じでしょうか。テレビでも放映されていましたから、ご覧になった方も多いかもしれませんね。

航空会社の一社員でありながら、どんなに理不尽な左遷をされようが、巨悪のグループから脅されようが、汚い駆け引きには一切応じない強い信念。

そして航空機墜落の被害者や遺族に対する心からの誠実な対応。

すべてにおいて、主人公にはまったくブレがありません。

対照的に裏工作で出世し伸し上がっていく三浦友和演じるライバル役は、罪悪感と葛藤しながらも最後には不正行為が明るみに出て失脚していきます。

周囲の人たちへ勇気を与え正義のために戦う渡辺謙演じるブレない主人公と、野心や目先の私利私欲に溺れ惨めな醜態をさらす三浦友和演じるライバル役。

この二人を比較すると「高潔さ」の違いがそこに見えてきます。

すでにご存じの方も多いと思いますが、映画「沈まぬ太陽」というのは、実在のモデルに基づいて書かれた小説を映画化したらしいと聞きました。

やはり、実在しているんだ、と思うと嬉しくなります。たった一人の社員が……、たった一人の人間が……、「高潔さ」を貫き通したとき、環境は変わっていくんだ、と。

それを信じられる生き方ができたとき、正しい判断が下せるようになるのでしょう。

逆に経営のトップが腐っていれば、その組織は破綻していくのだ、ということも理解できます。

どちらの生き様が人として幸せなのか。

本物の自分と向き合って「善の意識」で生きていく渡辺謙演じる主人公、「アナザー」に操られて不正行為に身を落としていく三浦友和演じるライバル役、あなたはどちらの生き方を選びますか？

私も渡辺謙演じる主人公のように、ブレない判断をし「高潔な」生き方をしていきたいと思います。

きっとあなたもそうですよね。

さあ、何かが見えてきましたね。幸せになるための「生き様」があなたにも見えてきたはずです。

「直観力」と「高潔さ」の深い関係性の入り口が垣間見えたのではないでしょうか。

自己の倫理感に従え！

さて、ではなぜ、高潔さを身に付けると「直観力」が磨かれるのか。そのあたりのロジックをここから詳しく学んでいきましょう。

「直観力」が冴えるのは、高潔な本物のあなたが決断を下すからなのですが、ではなぜ、高潔であることが「直観力」を磨き、正しい意思決定力を高めることになるのか、整理してみましょう。

本物のあなたは「高潔」なのですから**「善の意識」**を持っています。元々「持っている」のです。**「知っている」**のです。

あなたは、心の根っこに理性的な「善の意識」を持っています。生まれ持ってそのことを知っているのです。

ここで勘違いしてほしくないのは、単に「道徳」や「規則」を守れというキレイごととは意味がまったく違うということです。あなたの組織では「コンプライアンス」の重要性が常に叫ばれていると思います。時代を追うごとに意識は高まってきているといえるでしょう。たしかに法令順守は大切です。今や、企業のモラルや個人のモラルが特に問われる時代です。しかし、「善の意識」というのは、そういうことを意味しているのではないのです。

「道徳」と「善の意識」との違いを明確にしておきましょう。

道徳や規則というのは、誰かが決めたものです。しかし、「善の意識」というのは、あなたが正しいとすでに知っていることです。

たとえば、こういうことであると認識しておいてください。

あなたは一人で信号待ちをしていました。赤信号で止まっています。すると、向こう側から横断歩道をよちよち歩きの幼児が歩いてくるではありませんか。このままでは、とても危険な状況ですからあなたが助けなければ子供の命にかかわります。

その子の親は子供の危険に気づいていません。早く助けなければ……。

しかし、道徳や規則を守るという観点から判断すると、赤信号を無視して渡ることはできません。

交通ルールからジャッジすると『違反』だからです。

ふと見てみると交差点に向かって大型トラックが猛スピードで近づいてくるではありませんか。このままでは、幼い命が危険です。あなたは、こんなとき、道徳や規則に従って信号を守りますか？

それとも、「善の意識」の観点に従って、子供の命を救いますか？

もちろん、助けますよね。当たり前です。あなたの正義感に従って……、あなたの良心に従って……、正しいと思う通りに行動するのならば、子供を助けるはずです。

たとえ、信号無視という違反を犯したとしても。

これが、**道徳と「善の意識」との違い**です。

道徳というのは時代遅れのものもあれば、「善の意識」の観点からすれば、正しくない規則もあるのです。

ですから、ただ単純に、道徳を守って正しい行いをしましょう、と、私は偽善者を気取っているわけではないのです。

最も厳しい業界であると言われている生保の世界で長く生きてきた私の経験上においても「善の意識」を理解しているかどうかで運命を大きく変えてしまった人たちを数多く見てきました。

私はそれを体験してきたからこそ、力を込めて言い切ることができます。

「善の意識」を本当に理解している者は「成功」し、「善の意識」を理解していない者は「失敗」する、ということを……。

生命保険というカタチのないものを販売するにあたり、最も大切なのはお客様との「信頼関係」ですよね。

人にとって大切な「命」と「お金」についての話を伝えるわけですから。

お客様には「安心」を買ってもらうのです。それなのに、どこか怪しさを感じさせる人……「善の意識」のかけらもないような不誠実な人が売上げを上げられると思いますか？　ダメに決まっています。

お客様は、説明に納得はしてくれても、最後の最後に印鑑は押してくれません。なぜなら、ウソっぽくて「信用できない」からです。お客様はそれを感じるのです。本能的に危険を察知するのです。

やはり、最後には「正義」が勝つ、このことは私が身を持って体験してきたことです。

前章でも述べたように、「メンタルブロック」に苦しんでいる営業社員は売れません。それは、なぜか。

それは、「善の意識」の観点に従って生きていないからです。

それが原因なのは明らかです。

常に引け目を感じて後ろめたいのですから、お客様に対して正々堂々と接することはできません。媚びた姿勢は余計に不信感を与えてしまいます。

逆に言えば、**「善の意識」に従って生きていくことさえできれば「メンタルブロック」など消えてなくなってしまうのです。**

「善の意識」を知っているあなたこそが、「本物のあなた」なのですから……。

ちなみに、この場合の「善の意識」というのは、俗にいう「お客様第一主義」などというスローガンとは、根本的に意味が違います。

たしかに、お客様の言うことを召使いのように何でもきいてくれる「いい人」というのは善良そうに見えます。しかし、実はその人……、残念ながら「アナザー」に支配されている偽者の営業マンであることは、ほぼ間違いありません。

その「いい人」には、本物の自信がありません。本当は正しいことをしているという自信が持てません。嫌われたくないために「いい人」を演じているだけなのです。嫌われるのが恐いのです。

商品や職業に自信を持っているかどうかは関係なく、そもそも「自分自身」に自信がないのです。本来は、堂々と正しいことは正しいと、シンプルに「自分の思い」を伝えるだけでいいのですが、「アナザー」がそれをさせてくれません。よく言われることに『自分を売り込め』という営業の大原則がありますが、それはまさにこのことを指すのでしょう。

「本物の自分」が「善の意識」に従い、ダメなものはダメ、イヤなものはイヤ、と「わがまま」が言える営業マンこそが、本当の「お客様第一主義」を実践できる人だと言えます。

目先の成績のことしか頭にない自己中心的な「アナザーの思い」を隠しつつ、「本物の自分」に嘘をついてお客様に接している営業マンは、「矛盾」や「葛藤」に苦しみます。アプローチしようとする見込み客からの小さな拒絶や悪気のない断りに対してさえも、必要以上に深く傷つき、大きく落ち込むのです。

日々、カウンターパンチのダメージによってダウンを繰り返し、リングに上がる闘争心を失っていきます。要するに、恐くなって仕事をしなくなるということです。いろいろな言い訳をしながら活動量が減っていくわけですから、当然のように生産性は落ちますよね。

そうして、「善の意識」を封じ込められたその得体の知れない「罪悪感」は、一見善良な営業マンのエネルギーを奪っていくことになるのです。

成績優秀者と成績不振者の違いは、ＭＤＲＴの世界大会に参加するとよくわかります。世界最高峰のトップセールスマンは例外なく人格者なのです。「善の意識」の塊なんです。

違いは明白ですよね。

「メンタルブロック」に苦しんで生命保険が売れないのは、単にその営業マンが「善の意識」に反して悪い行為を繰り返しているから……、ただそれだけなのです。

「ダーティー行為」の定義とは

それではここで、あなたの倫理観**「善の意識」に反する悪い行為**のほうに、私が勝手にニックネームをつけましたので、統一しましょう。

「ダーティー行為」と名付けました。

ダーティー(dirty)という言葉には、「卑劣な」「汚い」、という意味がありますが、単に卑劣な行為のことだけを示すわけではありません。

自分自身への倫理観や正義をも裏切る卑劣な行為をしている、という意味で「ダーティー行為」と命名しました。

さて、ここでの理論上、意味する「ダーティー行為」とは、どのような不正行為なのか。

私が約49年間、人として生きてきて経験し見てきたことや生保業界で22年間で経験し見てきたこと……、そのことと比較して、多くの人たちが一般的に経験して見てきたこと……、それぞれの「ダーティー行為」に大きな違いはないと思います。残念ながら、私もあなたも同じような「ダーティー行為」にまみれて生きてきたのです。

次のように「ダーティー行為」を分類してみましたが、ごく普通に考えても異論はないのではないでしょうか。

①　自分がされたら嫌なことを人に対して行うこと
②　意図的に行われる間違った行い
③　ダメージを与えたり悪い方向に導く見て見ぬふり（行動しないこと）
④　道徳的価値観に反して社会全体へ行われる不正行為

たとえば、いかにもついうっかり犯してしまいそうな「ダーティー行為」から列記

していくと……、

① 自分がされたら嫌なことを人に対して行うこと

約束を破る。仲間を裏切る。嫌味や皮肉を言う。嫌がらせをして困らせる。容姿をバカにする。悪口を言いふらす。騙す。搾取する。文句ばかり言う。人の話を聞かない。弱いものイジメをする。無視する。脅迫する。見下す。トラブルの元を作る。恩着せがましくする。欠点を責める。話に水を差す。人の仲を裂くような行為。嫌なものを押し付ける。イライラをぶつける。愚痴をこぼす。仲間はずれにする。ヒステリーを起こす。人をわざと振り回す。人の不幸を喜ぶ。怒鳴り散らす。挨拶をしない。人に暴力を振るう。

② 意図的に行われる間違った行い

万引きや窃盗。仕事をサボって映画を観る。上司の悪口を陰で言う。店員さんに威張る。遅刻常習犯。借りた金や物を返さない。食べ物を粗末にする。困っている人に不親切。ウソをついて販売する。噂話をする。無駄使いをする。人の仕事の邪魔をする。ズル休み。会社の備品を持ってかえる。集団でのわがまま。動物の虐待。エレベーターを待たずに閉める。ウソをついて直行直帰する。ゴルフのスコアをごまかす。家族を大切にしない。経費の不正流用。割勘をちょろまかす。歩行中に人とぶつかる。不正な買い物。物を壊す。浮気をする。不倫をする。薬物の摂取。悪い遊びに友達を巻き込む。

③ ダメージを与えたり悪い方向に導く見て見ぬふり（行動しないこと）

イジメを見過ごす。飲酒運転を止めない。お年寄りに電車の席を譲らない。つり銭が多くても返さない。不正を見過ごす。ケンカを止めない。挨拶を返さない。部下を育てないでほっとく。謝らない。青少年の迷惑行為を見過ごす。葬儀に行かない。整理整頓しないで散らかす。注意すべきことをしない。人の作業は手伝わない。落としたゴミを拾わない。道に迷っている人を助けない。

情報を独り占めしている。電話に出ない。選挙に行かない。植物に水をやらない。親孝行しない。幸せをシェアしない。

④ 道徳的価値観に反して社会全体へ行われる不正行為

税金をごまかす。ゴミやタバコのポイ捨て。資源ゴミの分別をしない。列に並ばず横入りする。悪酔いして迷惑をかける。携帯電話で大声で話す。公共施設を汚す。禁煙エリアでタバコを吸う。ペットの糞を片付けない。乗り物のキセル。電車で足を組んだりする迷惑行為。道路に唾を吐く。違法駐車。スピード違反。お店を汚す。靴を脱ぎ散らかす。立ち小便。

などなど、キリがないのでこのへんにしておきますが、

さらに「ダーティー行為」の対象となるグループを4つに分けて、それを大きい順に並べてみると……、

A．社会に対する「ダーティー行為」
B．組織・仲間に対する「ダーティー行為」
C．家族に対する「ダーティー行為」
D．自分自身に対する「ダーティー行為」

誰にでもわかるグループ分けですから、難しくありませんよね。ただ、ABCについては比較的わかりやすいのですが、Dの**自分自身に対する「ダーティー行為」**については、見過ごされやすい行為ですから、特に注意が必要です。

たとえば、

暴飲暴食、
浪費癖、
働かない、
勉強しない、

自虐行為、
我慢する、
断らない、
暴力を受け入れる、
自分を責める、
自分に嘘をつく、
好かれようとする、
見栄を張る、
称賛を求める、
投げやりになる、
後悔する、

など、これらもすべて「ダーティー行為」に該当します。
自分のためになっていませんよね。自分が自分に対して行っている不正行為です。
「えっ、それも入るのか〜」と思っている人もいるかもしれませんが、むしろ、この

「自分自身に対するダーティー行為」が大事になってきますので、ここについては次の章で詳しく述べます。

罪の意識を隠す後ろめたい人生

さて、ここまで一般的な行為を列記してきましたが、実際には、もっと深刻な「ダーティー行為」は山ほどあることでしょう。

あなたが犯してきた行為はいかがでしょうか。当てはまった「ダーティー行為」もあったと思いますし、もしかすると、このほかにもあれもこれもと、まだまだ犯してしまった「ダーティー行為」が出てきた人もいるのではないでしょうか。

自分の胸に手を当てて遠い過去まで遡ってみると、さらに出てくるかもしれませんね。**決して人には言えない「秘密」の隠し事**も含めて……、「うおー」と声をあげ、穴があったら入りたくなるほどの「ダーティー行為」もあるのでは……？

おそらく神様に懺悔したいほどの「ダーティー行為」もあることでしょう。

そうやって、誰もが生きてきたのです。誰にでもあるんですよ。積もり積もった「ダーティー行為」が……。

たとえば、制服の警察官を街で見かけたとき、あなたはいつも通りの平常心を保てますか？

そのときのあなたは、まったく変わりなく普通通りの心理状態でしょうか？

スーツを着た一般人と同じように……、エコバッグを下げた買い物帰りの主婦と同じように……、制服を着た警察官の人を見ることができますか？

マクドナルドの制服やナースの制服と同じように、婦人警官の制服を同じ気持ちで見ることができるでしょうか。

何も悪いことをしているわけではないのに、後ろめたい気持ちからドキドキしたりしていませんか。おそらく「ビクッ！」としているはずです。

なぜ、わけもなくビクビクしてしまうのでしょうか。

それはやはり、あなたの心の底に隠している罪の意識があるから……、ですよね。

まさに、あなたが「ダーティー行為」を積み重ねて（罪重ねて）きた証拠です。

「どこかで何かしでかしてしまっているのではないか」というような漠然とした罪悪感です。

そうして、あなたは、**後ろめたい感情から「ダーティー行為」を隠します。**家族にも、友人にも、同僚にも、誰にでも。

「善の意識」に反するその悪い行為をものの見事に隠します。誰にも話さないまま、一切公表することなく、あなたの心の奥深くしまい込まれることとなるのです。

その**隠された心の状態のことを「シェルター」**と呼ぶことにします。

「ダーティー行為」とこの「シェルター」は常にコンビを組んでいます。

不正行為をしたら隠す……。

悪いことをしたら秘密……。

違反を犯したら内緒……。

ついついやっちゃった間違った行為は忘れることにする……。

というように、罪悪感に蓋を閉め、心の底へ封じ込めてしまいます。

常にダーティーとシェルターはセットなのです。

「ダーティー&シェルター」って聞くと、なんだか楽しそうな刑事モノのアクション映画みたいですけど……。

とにかく、この二つは**「相棒」**なんです。

「ダーティー&シェルター」は完全なるセットプランだと思ってください。ファーストフードの店であれば……ハンバーガーとポテトフライ、居酒屋さんであれば……ビールと枝豆、定食屋さんであれば……さんまの塩焼きと大根おろし、というような定番のセットプランだと思って、しっかりと覚えてください（笑）。

そうやって**隠された「ダーティー行為」は「シェルター」となりますから、「シェルター」された罪悪感によって、あなたはいつもやましい気持ちでビクビクしていなければなりません。**

後ろめたい気持ち……、後ろめた〜い気持ち、後ろめた〜〜い気持ち、と、どんどん「ダーティー行為」を繰り返し積み重ねていくうちに、あなたの「シェルター」は罪悪感でいっぱいになります。
あなたの「シェルター」はどんどん膨れ上がっていって、東京ドームのように大きくなっていきます。
その大きなドーム状の「シェルター」の中で「罪悪感たち」がみんなで野球をしているようなもんです。

子供のころ万引きしたあなたが不動のエースでピッチャー、
いじめっ子のあなたはキャッチャー、
遊び人のあなたは遊撃手（ショート）でしょうか。
不作為ばかりで怠け者のあなたは、ここでも何もしないベンチですかね（笑）。
やっぱり4番バッターは超大物、最も極悪なことをやらかしてしまった「あなた」でしょうね。

しかしこの「シェルター」、楽しそうにプレイしている人はいません。「罪悪感」という「大リーグ養成ギブス」をハメられているのですから……。かなり重苦しい。

ちょっとネタが古いですが、まさに「巨人の星」ならぬ「虚人の意思」というところでしょうか。

「罪悪漢」同士の交流戦が終わったらいつものようにロッカールームに戻り、一人一人、せまいロッカーに入ってもらいます。

実は、本当の「シェルター」というのは「ダーティー行為」一つ一つに存在するのです。一つ一つの「ダーティー行為」が狭いロッカールームに閉じ込められている、「ロッカー」＝「シェルター」と考えてください。

カギのかかった「ロッカー」の中で養成ギブス」ですよ。しかもたくさんの数……。う〜ん、これはキツいです。

そんな重苦しい心のまま生活しているなんて、考えただけでも恐ろしくなります。あなたが動きたいように動けないのは、養成ギブスのせい、だったのです。

大切な人とのコミュニケーションにおいても、素直になれずに、遠慮して差し控えてしまったり、必要以上に距離を置いてしまったり、思ってもいないことを口走ってしまったりするのも、みーんな「心のギブス」のせいです。

あなたを背中からいつも強靭なバネが羽交い絞めにしているのですから……。

それだけではありません。

常にあなたの罪悪感は「再刺激」され続けて心が休まることがありません。

「シェルター」はノックされ続けます。あなたはノックされても気づかない振りをします。頑丈なカギをかけたまま、居留守を使うのです。

「シェルター」を**「再刺激」**されるケースとして、例えば、仕事上の大事なプロジェクトがあったとします。

その資料作成において、大きなミスを犯したのは本当はあなたなのに、上司は別の同僚がしでかしたものと決めつけて猛烈に怒っている、としましょう。

その業務は複数名で取り組んでいるため、同僚は自分かもしれないと思い込んで、泣きながら上司に謝っています。

その場面をあなたは目の当たりにしながら、今さら恐くて言い出せません。

しかし、自分だけは「自分が真犯人」だという事実を知っています。

知っていますが、それを隠します。

「シェルター」するのです。

そしてあなたは、それがいつかバレるかもしれないと思い、ビクビクしています。そのプロジェクトの話題になるたびに気が気ではありません。上司や同僚に呼ばれたりするたびにビクッとなります。

さらには、プロジェクトメンバーの誰かと顔を合わせるだけでも胸が締めつけられます。同僚に対しても、申し訳ない罪悪感でいっぱいですから、その同僚から挨拶されるだけで目を逸らしてしまいます。

テレビドラマでちょっと似たようなシーンを見ただけでも気分が落ち込みます。

こんな**「再刺激」**の状態が続いていて、あなたは前向きな仕事ができるでしょうか。

そのほかにも、家族への隠し事、恋人への裏切り行為、友人を困らせる嘘、と、あなたが犯し、隠したダーティー行為は**「再刺激」**され続け、常にあなたの心は消耗していくのです。

ときどきこんな人、いませんか？

偶然に知り合いを街で見かけて声をかけたとき……、会社内で用事のある人に声をかけたとき……、待ち合わせ場所で友人や恋人に後ろから声をかけたとき……、こちらは脅かすつもりなんかまったくなく、静かに声をかけただけなのに、「わぁー！　びっくりしたー！」と大きな声を出して騒ぐ人、いますよね。

私も知っています。

会社から帰宅途中に偶然出会った自分の奥さんから軽く肩を叩かれただけで、周囲にいた全員の人が振り向くくらいの大きな「悲鳴」を上げてしまったサラリーマンを……。

いったい、彼は何に対してビクビク脅えているのでしょうか。

どうやら『脅え』の原因を探っていく必要がありそうですね。

「シェルター」から脱出したY少年の物語

たとえば、こういうことです。

私の元部下のY・M君が告白してくれた子供の頃の実話をご紹介します。

Y少年が小学校1年生のときの出来事です。

ある日の学校の帰り道、Y君は石を蹴ったり投げたりして遊んでいました。そのうちに、いたずら心がエスカレートしてきたY君の投げた石は、近所の家の庭を飛び越え窓ガラスを割ってしまいます。

「ガッシャーン！」

「しまった！」

驚いたY君は、その場を一目散に逃げ出してしまいました。

悪いことをしてしまったと心で思っても、Y君にとっては事が重大です。とてもじゃないけど謝る勇気などありませんでした。

純粋で真面目なY君は、それ以来ずっと、脅えていました。いつかバレるんじゃないか。誰か見ていたんじゃないか。

そして、Y君は心配になってきます。硬い石が家の人の誰かに当たって大ケガでもしてやしないか、割れた窓ガラスで血が流れたんじゃないか、と、悪い妄想は膨らみます。

バレたら刑務所へ入れられてしまうのではないかというくらいの恐怖です。

Y君はその家のそばを通るたびにビクビクです。

そのうちに、罪悪感でいっぱいになったY君は、その家の前を通らないで遠回りして帰るようにさえなりました。

ご近所の人たちの会話もすべて「窓ガラス事件」の噂話をしているように聞こえてきます。ビクッとしながらも、ボクは知らないよ、という顔をして通り過ぎます。

親から「木村さん」という窓ガラスの割れた家の人の名前が出るたびに、それが窓ガラスとは関係のない話であっても、胸が苦しくなります。

その事件のことは、思い出したくなくても、しばらくY君の頭を離れませんでした。

そこで、Y君は罪の意識を和らげるために、**「自分は悪くなかった」ということにしはじめます。**

「別にボクはわざとやったわけじゃないし……」

「どうせあの窓ガラスは古くなっていたから新しくなってよかったんじゃないのか

……」

「ボクがやらなくても、そのうちに誰かが割っていたよ……」

「だいたい、放課後に居残りさせた先生が悪いんだよ」と。

『正当化』をして罪悪感から逃れようとしました。

Y君は「逃亡者」としての人生を選択したのです。


それから、何年か経ち記憶が薄れた高学年になっても、Y君の心の底にこびりついた罪の意識は消えません。

ときどき布団の中で思い出しては、わあー、と声を上げて布団にもぐりこむほどです。


そして、Y君が6年生になったあるときです。ついに罪悪感に耐えられなくなったY君は、涙ながらに真実をお母さんに打ち明けました。

もうポロポロと涙が止まりません。

Y君は心にずっとしまい込んできた「罪」をすべて正直に吐き出したのです。

その話を聴いたお母さんは、Y君を連れて木村さんの家に謝罪に行くことになります。

お母さんも一緒に謝ってくれました。Y君は玄関先で大粒の涙をこぼしながら「ごめんなさい」と謝りました。

木村さんの家の人にとっては5年前のことですから「ああ、そういえば、そんなこともあったっけ……」という程度の反応でした。トラックが跳ねた石が飛んできたのかなぁと思っていたそうです。家族の人たちにケガもありませんでした。

Y君はそれを聞いてホッとするのと同時に、許されたことで心がパァーッと晴れていくのを感じました。

5年間、隠し続けてきた罪悪感からやっと『解放』されたのです。

Y君は思いました。もうこれ以上、苦しまなくていいんだ、と。心からの『安堵感』に包まれました。

そして、Y君はお母さんにつぶやきました。

「なんでもっと早く謝りにいかなかったんだろう。すぐに謝っておけばよかった」と。

そのときからY君は心に誓ったと言います。

「もうウソをつくのはやめよう。かくしごとはよそう」と。

私は今、この原稿を自分で書きながら不覚にも涙を流してしまいました。
ただ単に、子供が窓ガラスを割ったという話になぜに泣けてきたのか、不思議ですが……、きっとY君の心の葛藤に共感してしまったのでしょう。もしかすると、私にも記憶の彼方に同じような体験があったのかもしれません。

あなたはどう感じましたか？

繰り返されるダーティー行為と繰り返される不幸

窓ガラスを割るという**「ダーティー行為」**をしたY君、
それを誰にも言わず**「シェルター」**したY君、
「シェルター」を**「再刺激」**され罪悪感に苦しんだY君、
そして、それを**「正当化」**して封じ込めたY君、
それから何年もの間、何度も何度も「シェルター」を「再刺激」され続け、ビクビクと**逃亡者**のような生活に苦しんできたY君。

これはほんの小さな一例に過ぎませんが、こういった正当化を繰り返していくことが、不幸を呼び寄せる原因であり、不幸スパイラルへと導いていく「悪魔の行為」なのだということをあなたは認識しておかなければなりません。

このような出来事の中で「ダーティー&シェルター」による罪悪感が、あなたがあなたであってはいけないと思わせる瞬間を作らせます。その結果できあがった「偽者のクローン」……それが「アナザー」なのです

実はこのロジックの中にも「アナザー」が関与していたのです。「アナザー」にとっては、「ダーティー行為」が悪い行為であるという認識はありません。もちろん、「善の意識」の意味も理解できません。

それどころか、「アナザー」は、うっかりなのか意図的なのかにかかわらず、あなたが犯した「ダーティー行為」を悪くなかったことにして、オートマチックに正当化してくれます。

さらに**それが正しい行為だったということを証明するために、悪質な「ダーティー行為」を繰り返し繰り返し続けていくという習性を持っています。**

人の悪口を言う人は、繰り返しずっと人の悪口を言い続けるのです。自分が正しいということを証明するために……。

人を裏切る人は、繰り返しずっと人を裏切り続けるのです。自分が正しいということを証明するために……。

仕事をサボる人は、繰り返しずっと仕事をサボり続けるのです。自分が正しいということを証明するために……。

虐待する人は、繰り返しずっと虐待し続けるのです。自分が正しいということを証明するために……。

う～ん、それは恐いですよねぇ。

Y君の例でいえば、窓ガラスが割られるのは1枚では収まらず、近所中の窓ガラスが片っ端からガシャンガシャンと割られていくようなものです。

そのときもやっぱり、自分は正しいということを主張するのでしょうね。

「ボクは悪くない。親が悪いから」「悪い世の中を変えるため」というような正当化を……。

人間関係を破綻させ「孤立」させるコミュニケーション

あなたが「善の意識」に従った正しい行動をとろうとするからこそ、起こる衝突であり悲劇なのです。

「本物のあなた」と「アナザー」は衝突をします。その衝突があなたの「エネルギー」を奪い、「意思」を奪い、前へ動けなくさせます。

いわゆる「やる気がない」という状態だったり、「僕はダメな男だ」「私は悪い人間よ」という自信のない状態です。

さらに、あなたは目の前のグループ（会社、仲間、家族など）から「逃げる」という行動を引き起こします。

「シェルター」することで、あなたの行動は「抑制」されてしまうのです。人々との正しいコミュニケーションをも奪っていきます。

そしてあなたは、孤立します。家族から離れ、組織や仲間から離れ、社会からも孤立します。たとえ、会社の仲間や友人たちの和の中に肉体は存在していたとしても、心は和の外にはみ出しているはずです。

それを**「孤独」**、と呼ぶのでしょう。

あなたがもしも孤独を感じているのならば、原因ははっきりしています。

その原因は、あなたが過去に犯した……もしくは現在も続けている「ダーティー行為」です。それがあなたを孤独に追い詰めた元凶なのです。

「私は自立しているから大丈夫！」なんて強がっている人に限って「孤立」しています。グループがあなたから離れていっているのではありません。あなた自身がグループから離れているのです。

へそ曲りな個性を気取った「自立」の正体とは……、実は、罪悪感のために「抑制」された行動がもたらした「孤独」だったのです。

寂しくなること……、ありませんか？

もうこれからは**「ダーティー行為」を止めること**です。

「ダーティー行為」を認めることです。

「ダーティー行為」を繰り返している限り、あなたは不幸になるだけです。

深刻な「ダーティー行為」が繰り返されたその行き着く究極の世界こそ、犯罪者が住む世界です。

彼らの「直観力」はもはや不幸になるためだけにしか働きません。恐るべし「ダーティー行為」、なのです。

「ウソつきは泥棒の始まり」とは、よく言ったものです。

ですから、たとえどんなに小さな「ダーティー行為」であったとしても、「シェルター」してはいけません。

正当化してはいけません。

小さいか大きいかもまた関係ないのです。

あなたにとって、それが、大きな問題を引き起こす深刻な「ダーティー行為」なのか、なんのたわいもない小さな「ダーティー行為」なのかは、「善の意識」の観点から見ると同じなのです。

「ダーティー行為」は「ダーティー行為」なのですから、大小にかかわらず犯してはなりません。

大きくしたり小さくしたりしているのは「アナザー」のシワザーなのですから……。

「アナザー」が意図的に小さくしているだけなのかもしれません。

あなたはその罪悪感から逃れるために「アナザー」を使い、あなたが犯した間違った行為を、あたかも正しかったことにしてしまいます。

大きな過ちでさえ、正しいことであったと見事に証明してしまうのです。

「正当化」のワナ

「恐るべし、ダーティー行為」とはわかっていても、なかなか止められないのが人間です。「ダーティー行為」の恐ろしさを知識だけ理解したとしても、そう簡単に高潔な男、高潔な女にはなれないのかもしれません。

正当化してはいけない、とわかっていても簡単にはやめられないのです。もしかすると、あなたの中にも、これからもずっと正当化し続けていく「ダーティー行為」があるかもしれませんよね。**強く信じ込まされた『正当化』**というのは、かなりやっかいです。だって、あなたが正しいと信じ込んでしまっているわけですから……。

罪の意識が深ければ深いほど、正当化の完全防御を突破するのは困難です。

たとえば、テレビドラマや映画にも、よく登場してくる不倫の場面。浮気や不倫は完全なる「ダーティー行為」ですよね。誰がなんと言おうと、やってはいけません。もちろん、私もしていません。あなたは大丈夫でしょうか？もしかすると反論のある方もいるかもしれませんね。

でも、その反論、
全部「正当化」ですから。

私の知人に、自称「正当化の達人」という男がおりまして、彼の不倫に対する正当化についてインタビューしてみました。
レコーダーからほぼ一語一句拾いましたから、ちょっと長くなりますが、面白いので聴いてあげてください。
次の通りです。

「だいたいさ、バレなきゃいいんじゃないの。誰も不幸にならないし。家族を悲しませたりしない自信あるし。オレ、そこんとこ完璧だから！　携帯も常時ロックしてるし。バレないようにいろいろ気も遣ってるしね。徹底的に秘密にしてるその心配りとかさ、なんていうか……そう、『罪悪感との葛藤』ってやつ、それこそが、究極の愛情表現でしょ。それに、やっぱりさ、奥さん一人じゃ、どうしても飽きるでしょ。一筋でいくとさ、奥さんに対して要求が厳しくなっちゃって、かえってケンカになっちゃうっていうか。一人にいろいろ求めるよりも複数のオンナにリスク分散しないと、ね。それにさ、不倫でリフレッシュすることで家庭円満、って効果もあるよね。楽しみがあると仕事もはかどるからね。不倫のおかげで、業績アップで社内評価も上がれば出世もして給料も上がるでしょ。結局は、間接的に家族のためになってるよね。そもそも、家庭は三次元の世界で、男たるもの一歩でも家の玄関のドコデモドアーをあけたら、外は四次元世界なんだよね。だから、二つの世界は交わらないんだよ、絶対に。だからそれは、不倫なんじゃなくて、過去と未来を往復しているっていうかなんていうか、要するに『恋のパラレルワールド』だよね。それにさ、不倫相手の若い女の子には、変な期待を持たれないように結婚してるって正直に言ってるわけだし、そのときそのときで一緒にいると楽しいー、って喜んでいるわけだから。それはそれでいいよね。えっ？　何？　不倫には幸せなゴールがないって？　そうそう、まあ、たしかにそうだよね。でもさ、ゴールがないからこそ、『純愛』なんじゃないの！　打算的な見返りを求めない愛こそ、本物の愛でしょ。そもそも、その子の結婚についてはさ、いつかオレと別れて……まあいわゆる……オレという素晴らしい『学校』を卒業したときにさ、オンナが磨かれてステージが上がるわけだから、そのときは、別のいい男と出会えていい結婚ができるってもんでしょ。オレと付き合うことで婚期が遅れるどころか、むしろ、結婚への近道だとも言えるよね。そうやってみんなハッピーなんだからいいじゃん。ねぇ、なんか文句あるの？っていうかさ、俺にとって不倫はスポーツでもあるんだよね。運動不足は健康によくないでしょ。みんなだってスポーツジムに通ってるじゃん。言うなれば、エクササイズならぬセクササイズ、ってとこかな！　だいたいさ、世の中の金持ちっていうか、成功している人たちはみんな、愛人を何人も囲っていたりするでしょ。だから、オンナの一人や二人はステイタスだと思うけど。それに一夫多妻制の国だってあるよね。第四夫人って、それは、法律でも認められているわけでしょ。っていうことは、同時進行で彼女が複数人いて何が悪いんだか、全然わかんないよ。それってさ、モテない男のヒガミなんじゃないの。みんなどんどん不倫すればいいんだよ。不倫天国ニッポン、バンザイ！」

以上です。


見事な『**正当化**』ぶりでしたが、どう感じましたか？

この男、あとで私がぶん殴って説教しておきましたので、ご安心を（笑）。

彼も私の理論と教えを受けた結果、今では大いに反省し、改心しておりますので、どうかお許しあれ。


ただ、この正当化を聞いて呆れているあなたも、実はこの正当化と同じような……、いや、もっとそれ以上の酷い正当化をしているかもしれませんよ。

不倫はともかく、ほかにもたくさんの「ダーティー行為」とともに、たくさんの「正当化」をしているような気がしますが、いかがでしょうか。


先日、ある有名な大物お笑いタレントが、反社会的勢力との交際が発覚し引退しましたよね。あれを「男の美学」とか「潔い」とか、評価する方もいますが、反社会的勢力との付き合いは芸能人じゃなくても『アウト』ですよね。「善の意識」の観点から見ると明らかなダーティー行為です。

それなのに、その行為を悪くないことにしたいために義理とか友情とか「恩がある」という言葉を使って一生懸命に『正当化』しているようにしか見えませんでした。

記者会見では、「セーフだと思っていた」とか、「その程度のことで引退しなきゃいけない」とも言っていましたし……。『人間としては正しい行為』であるということを証明するための「引退」であったならば、それこそ本当にもったいないことです。

彼は過去にもときどき暴力行為などのトラブルを起こしてきましたし、自分で自分を「ヤンキーあがり」だと言っているくらいですから、ダーティーなイメージは付きまとっている人ですよね。きっとたくさんの「ダーティー行為」にまみれてきたのだと思います。

彼は、天才的な頭脳を持っているし、素晴らしい才能と人間力を持っているのに、なんともったいないことでしょう。

彼がダーティー行為をやめて『高潔さ』を身に付けたら総理大臣にだってなれるだけの能力を持っているのになぁ……と、つくづく考えさせられたニュースでした。

自尊心を守って意思決定力を養う

たとえ、どのように「正当化」していたとしても、**本物のその人は常に正義の人なのです。**

人は皆、**「善の意識」に従って正しく生きようとします。**「ダーティー行為」が悪いことだということも、本物のあなたはわかっています。先ほどの不倫男でさえもわかっていたのです。なぜなら、先ほどの正当化の演説は、家族の前では絶対にできないと言っていましたし、会社内で話したこともない、と教えてくれました。

やはり、あれだけの「達人」でも、本当は……、後ろめたいのです。実のところは、罪悪感たっぷりなのです。

「ダーティー行為」の恐ろしさというのは、実は、この「正当化」をしてしまうことにあります。

しかし、どんなに完璧な「正当化」に成功したとしても、所詮、「正当化」は「正当化」なのです。単に、罪悪感から逃れようとする詭弁や言い訳に過ぎません。

本当の正義には到底かなわないのです。

では、ここであなたに聞きます……、
「ダーティー行為」をしている自分のこと、あなたは好きですか？

えっ？
別に嫌いじゃない、ですって？
本当でしょうか？
でもそれは、好きでもないってことですよねぇ？
なんだか、かなり無理してますよね。
それもまた一つの「正当化」です。
好きなわけありませんよ。
そう、そんな自分は嫌いに決まっています。

なぜなら、**「ダーティー行為」をするたびにあなたの自尊心が傷ついていく**からなんです。自尊心が傷つくということは、もはや自分が尊敬できない、自分がリスペクトできない、という状態です。

「ダーティー行為」を繰り返すたびにますます軽蔑度はアップしていきます。

逆にあなたが悪いことばっかりしているアンフェアで卑劣な人と接したらどう感じるでしょう？

尊敬しますか？　悪い人のこと。

普通は軽蔑しますよね。

できれば、付き合いたくないし、避けたい相手です。

アンフェアな人や卑劣な人は、信用できません。

自分自身が嫌いだということは、他人に感じるそれと同じなんです。

こんな自分とは誰も付き合いたくないだろう、という感情です。

完全なる自己嫌悪、完全なる自己不信の状態が訪れます。そして、自分のことを嫌いだと思っている相手を好きになることは不可能です。

当然、相手のことを嫌いになります。ということは、嫌われている相手は、これまた当然、あなたを好きになってくれません。あなたは嫌われます。

そうするとどうなるでしょうか。どいつもこいつもみんなのことはとにかく嫌いになりますよね。相手を悪者にしておかないと気持ちが休まりません。

「世の中にはろくな奴がいない」、

「誰も信用できない」、

「自分以外はバカばっかり」、

とか言ってる人、たまに見かけませんか?

「人嫌いの正体」がわかってきましたね?

正義の仮面をかぶりもっともらしい批判を繰り返している人の化けの皮を一枚剥がしたら、顔を出すのは「悪いひと」かもしれません。でも、もう一枚、いや、何枚も何枚も剥がしていったら「善人」の顔が出てくるに違いありません。

そうやって「ダーティー行為」ばかり繰り返していくと自尊心が傷つき、やがてその自尊心を完全に失ってしまうのです。

自尊心を失った人に、自信を持てというのは、無理な話です。
自尊心を失った人に、勇気を持てというのは、無理な話です。
自尊心を失った人に、希望を持てというのは、無理な話です。
自尊心を失った人によい判断ができると思いますか？
できませんよね？

自尊心を失うということは「意思決定力」も失ってしまうのです。

このまま「ダーティー行為」を続けていれば、あなたの「直観力」はどんどん低下していきます。**「直観力」だけではありません。すべての能力が失われていくことになります。**

「高潔さ」、
それはもう遠い遠い世界の話になっていきます。

自尊心を失ったあなたは人類の敵

このように、**自尊心を失った人の自己評価は下がる一方**です。

本当に好きな相手と一緒にいるときは、心地よく感じますよね。安心します。

反対に、大嫌いな人と一緒にいるときはどうでしょう。居心地が悪いですよね。落ちつきません。楽しくありません。話したくありません。早くその場を離れたいと思うでしょう。会わないで済むのなら一生顔も見たくありません。

自尊心を失った人は、これと同じ感情を自分に向けることになります。

人は自分自身の鏡です。自分の心を相手に映そうとします。

軽蔑している自分では相手も軽蔑することしかできません。そうなると、相手を尊重してあげることはできませんから、当然のように、人とのコミュニケーションはうまく取れません。どうしても不自然に距離を置いてしまいます。

その不信感や違和感をズルズルと引きずったまま人と接するわけですから、人との正しいコミュニケーションが取れるわけありませんよね。

歪んだ人間関係です。

ときには「恐れ」から攻撃的になることもあるでしょう。ときには「甘え」から依存心たっぷりになることもあるでしょう。自分のコントロールがきかないあなたは、騙したり、逃げたり、脅したり、支配したり、見下したり、負い目を感じたり、すがりついたり、拘束したり、傲慢になったり、冷たくしたり、恩を着せたり、強要したり……と。

自尊心を失ったあなたは、そうやって周囲の人の自尊心まで奪っていくのです。巻き込んでいくのです。

ですから、**あなただけの問題ではない**のです。

あなたが自尊心を失うと同時に、あなたが日常でコミュニケーションを取らざるを得ない多くの人たちの自尊心も傷つけているということを忘れてはいけません。

家族の自尊心も奪います。部下の自尊心も奪います。友人の自尊心も奪います。恋人の自尊心も奪います。あなたと関係する周囲のすべての人たちも、あなたの「ダーティー行為」のせいで自尊心を失っていくのです。

さらに、それだけで被害は収まりません。

その行為は周囲に伝染します

あなたが自尊心を奪ったその人は、また別の身近な人の自尊心も奪っていきます。

そしてその人はまた別の人の自尊心を奪い、さらにさらにその人はまた別の人の自尊心を奪い……。

というように、あなたが犯したたった一つの「ダーティー行為」から、数えきれないほどの人たちを巻き込み、不幸にしているのだということを自覚していただきたいと思います。

人類全体の敵を私は許すことができません。

人類を不幸に陥れる「ダーティー行為」を認めるわけにはいきません。

あなた一人の問題ではないのです。

Fact：03

「直観力」を磨く

ワーク② 直面する

「直面すること」が直観力を磨くカギ

前章で解説した通り……あなたは、たったツーステップを踏むだけで、「直観力」の達人になることができます。

解決方法のステップは2段階でしたね。

一つ目のステップは**「高潔になること」**でした。

「ダーティー行為」の怖さ、理解していただけましたか？
「善の意識」の重要性、理解していただけましたか？
「インティグリティ」の大切さ、理解していただけましたよね？

「アナザー」と決別し直観力を磨く解決方法の第1段階は、やはり「高潔になること」。これしかないのです。

「ダーティー行為」の理論を知ってしまった以上、もう今までのような不正行為に手を染めることはできないでしょう。

もう決して「ダーティー行為」は犯さないと心に誓い、「善の意識」の観点にのっとった生活を日々徹底すること。

そうすれば、ますます「直観力」は冴えわたるでしょう。

さて、次の二つ目のステップは、

「直面すること」です。


アナザーの支配下にある限りは、正しい「直観力」を発揮することはできない、というロジックはすでに理解できていることと思います。

アナザーは、正しい決断ができないだけでなく、決断をするというその決断さえもできない……「決断しない決断」により、目の前の問題から『逃げる』という行動をとってしまいます。アナザーに支配されたあなたは、不安や恐れから本当の自信が持てません。常に目の前の問題や目の前の人に対して腰が引けてしまいます。

要するに、直面しないよう、直面しないように生きているわけです。

「直面する」という意味は、物事と真っ直ぐに正対することであり、ありのままの事実を客観的な立場から注意深く観察し、あなた自身がそれを体験し受け入れ、そして、そのものの存在に気づき、真実を認めることです。

それを知ろうとせず、あなたが直面していないとき……、残念ながら本物のあなたはそこにいません。直面できない状態のあなたは、「本物のあなたではないとき」なのです。

困難な大問題が起きようものなら、真っ先にスタコラサッサとその場所からトンズラしようとするあなたです。大きな問題から些細な問題まで、「偽者のあなた」はすべて直面することができません。

それがどんなに大切なことであっても、あなたの姿勢は常に「後ろ向き」です。

逃げて逃げて逃げまくり……、

臭いものにはフタをして……、

見て見ぬ振りは当たり前……、

面倒なことは回避して……、

責任転嫁はお手のもの……、

苦手な人には迎合し……、
嫌なことは人に押し付け……、
新しいものには手を出さず……、
というように「逃避」「逃避」「逃避」の人生を歩むことになります。重要性や緊急性などの優先順位をつけることはできません。
得意技は、「慎重に」という正当化の元に繰り返される『先延ばし』という小手先のテクニックです。
大変残念なことに、これらの「逃避」行動があなたの人生を幸せに導いてくれることはないでしょう。人生の課題は何も解決されることはなく、問題はこじれていきます。問題を解決して救われたいというあなたの切実な思いとは裏腹に、悪化の一途をたどります。
そして、逃げれば逃げるほど「恐怖心」は大きくなって追いかけてきます。
そうしてついに追い詰められたあなたは、
騙したり騙されたり、
裏切ったり裏切られたり、

責めたり責められたり、
傷つけたり傷つけられたり、
縛ったり縛られたり、
見捨てたり見捨てられたり、
恨んだり恨まれたり、
奪ったり奪われたり、
というようなダーティー行為に巻き込まれ、事態をさらに悪化させていくことになるのです。
そうやって直面することを避けて生きていけばいくほど、「依存心」や「同情心」という甘い罠にはまり、自分をますます不幸にする選択をしていくことになります。
まさに「逃げる不成功の法則」にのっとり、不幸スパイラルの世界に落ちていくのです。

このようにアナザーはいつも「恐怖」から逃げ出してしまいます……、が、しかし、「本物のあなた」は逃げ出しません。「本物のあなた」は正義の人ですから、正々堂々と立ち向かう勇気を持っています。目の前の現実と戦う勇気を持っています。「善の意識」の元に、正しい判断が下せる自信がありますから、逃げも隠れもしません。「本物のあなた」には真実が見えているのです。

たとえば、「これは問題だぁ！　責任者を出せー」という大切なお客様が会社の受付まで乗り込んできているのに、部門の責任者がいつまでも居留守を使って逃げ回っていたのでは、クレーム処理は解決しませんよね。責任者が堂々と正面切って出ていって問題と直面しなければ、問題は余計にこじれます。エスカレートするばかりでしょう。

それは、あなた自身の人生においても同じことが言えます。「あなたの人生の責任者である『本物のあなた』」が出ていって対応しなかったら、クレームは解決するわけがないのです。

謝罪するべきところは謝罪し、戦うべきところは戦うのです。

そのように、**勇気を持って直面する場面では、「本物のあなた」の力が必要になります。**直面しようとすればするほど、本当の自分自身が表舞台に出てきて活躍してくれますから、「直面する」ことによって本物の自分をどんどん活性化させることができきるのです。「直面すること」こそが、「アナザー」を追い出す、最善の策と言えるでしょう。

ところで、「直観力」を発揮して正しい決断をしてくれるのは誰か、あなたは覚えていますか?

はい、そうですね、これもまた「本物のあなた」です。「本物のあなた」は「本物のあなた」なのですから、あなたの思っている通りに、あなたが本当に望む目標に向かって、あなたが幸せに生きたいように、あなたを正しい方向へ導いてくれます。

あなたの「直観力」はドンピシャドンピシャと冴えわたるわけです。

「直面する」たびに、あなたは「本物のあなた」として「直観力」を発揮することになります。直面することを意識的に習慣化させることとさえできれば、あなたの「直観力」はますます磨かれていきます。

直面すれば直面するほど、「直観力」は磨かれていくのです。

これからは、真正面から現実を受け入れ、事実の中の真実を観察し、たとえそれが困難なことや大問題であったとしても、しっかりと「直面」してください。

「直観力」を磨くためにあなたが常に心がけなければならないことは「直面すること」だということは、もうご理解いただけましたね。

そうですか。理解いただけましたか。
よかった……。

ところが、「直面すれば直観力が身に付く」、というロジックだけを理解したからといって、すぐに人生が好転していくとは限りません。
ここからが本題です。

あなたは過去において、数え切れないほどの「直面してこなかったこと」があるはずです。立ち向かうことなく、曖昧なまま、ごまかして、封印してきたこと、ありませんか？

直面せずに逃げてきた経験はありませんか？

たくさんあるはずです。その行為を積み重ねることは、アナザーの存在をより大きくしてしまうことになります。「メガ・アナザー」をどんどんどんどん育てていくことになります。恐ろしいことですよね。

これから、本物のあなたがあなたらしく何事にも堂々と直面して生きて行こうと思うなら……、まずは、過去にそのまま封印してきてしまった「あなたの心の闇」に光を当てなければなりません。それをそのまま放置した状態では、あなたは先に進めないのです。

直面しないまま、ずっと抑圧された鎖を解かなければ、過ちは繰り返されます。

不幸な歴史は永遠に繰り返されることになるのです。

このステップでは、いくつかの実例を挙げながら、あなた自身が、あなた自身のこととして「直面する」ことを見つけていただきましょう。

現在のあなたが直面しなければならない「過去の自分」と直面してください。

直面してこなかった出来事と直面し、直面してこなかった自分自身と直面してください。

ここからは、あなたの「直面すること」がイメージしやすいように、いくつかの実例や実話、私の体験談などを盛り沢山にしてご紹介していきます。

私が直面した「ダーティー行為」についても、具体的にお話ししたいと思います。

ある中間管理職の悲劇

私の知っている……ある生命保険会社の支店長（Aさん）の実話です。

その支店では、昨年度末、多くの社員が一気に退職離脱したそうです。辞めたメンバーの中には、2人の中間管理職、BさんとCさんがいました。

しばらく成績が低迷していたBさん、このままの状況ではやがて降格に追い込まれることは確実です。

A支店長はなんとかBさんを再生させようと、涙が出るほどに一生懸命に心血を注ぎ指導を繰り返してきました。ときには厳しく、ときには優しく。

ときには、A支店長のお客様を直接紹介してあげたり、Bさんのチームに優秀な人材を次々と配属させてあげたり、と、特別にひいきしてまでもなんとかBさんを引き上げてあげたいとエネルギーを費やしてきたのです。

なぜなら、Bさんは支店の立ち上げから組織作りまでA支店長と苦楽を共にしてきた仲であり、何より、十数年前にBさんをスカウトし新人時代から育ててきたのがA支店長だったのです。

ですから思いもひとしおです。

ところが、親の心子知らずとはよく言ったもので、Bさんは目の前のピンチから逃げ出し、他の外資系生保へ転職することとなります。

甘やかしすぎの過保護戦略が裏目に出ました。

退職したい表向きの理由は、「商品のせい」、「会社のせい」です。

人は追い詰められると自己の「正当化」や「言い訳」をしたくなるのでしょう。

ただ、そういった弱い社員が辞めてしまうことはよくあることです。

私も過去に経験がありますし、あなたにもご経験がおありなのではないでしょうか。


問題はここからです。


Bさんの退職希望が受理されてから退職するまでの3ヶ月の間に、Bさんから支店内の営業社員への積極的な引き抜き工作が始まります。

転職先の会社からBさんへ突きつけられた条件だったのかもしれません。

食うか食われるかの厳しいビジネスの世界ですから、そんなことはどの世界でも日常茶飯事なのかもしれませんが、その支店内においても、ひそかに、そして巧妙に、水面下で引き抜き工作が進行していきました。


まず、Bさんは管理職仲間のCさんを誘います。

それから、部下の中から特に成績が低迷し精神的にも経済的にも弱っている4名の営業社員に甘い言葉をかけ、引き抜きに成功します。

そもそも、成績の悪い社員を引き抜いてどうするのでしょうか。一つ目の会社でダメならば、次の会社へ移っても通用しない、というのがフルコミッションセールスである生保業界の常識なのですが……。

人数合わせに利用されている営業社員も可哀相になります。

さらに、節操なく、Bさんらは成績優秀な社員たちも狙っていきます。

しかし、成績の悪い社員たちの弱さにつけこむことはできても、賢明な優秀社員たちがBさんたちに付いていくことはありません。まともに相手はしないのですが、引き抜き工作の件を堅く口止めをされた上にネガティブな悪口を聞かされるわけですから、組織全体のモチベーションは下げられますよね。

やがてそんな行動がエスカレートしていけば、彼らを信じきって疑わないA支店長の耳にも悪い噂が入ってくるようになりました。

当然、A支店長はBさんとCさんを部屋に呼び、それぞれに真意を確かめます。

「君らが○○生命に転職するために営業社員たちを引き抜こうと誘っている、という噂が広がっているが、それは本当なのか」と。

すると、彼らはこう答えます。

「まさか！　それは心外ですよ。そんなことするわけがないでしょう。僕らを見損なわないでください。まだ転職先は決まっていませんから、その噂はデマです。引き抜きなんてこれからも絶対にしないとお約束します」

いけしゃあしゃあと、このようなウソをつきます。

A支店長は言いました。

「そうか。それならばいい。でも、もしも、誰か一緒に連れて行きたい社員がいて、彼らもそれを望むなら、そのときは私に正直に言ってほしい。陰でコソコソ動いたり、ウソをついたりせずに、正々堂々と胸を張って辞めていってほしい」と。

「わかりました」と答えたBさんとCさんでしたが、実際は心の中で舌を出して笑っていたのか、はたまた、怖くて本当のことを言い出す勇気がなかったのか、彼らは退職するその日になっても、A支店長に本当のことを言い出すことはありませんでした。

その最終出社日には、A支店長はBさんとCさんをお寿司屋さんに連れて行きビールを酌み交わしながら最後まで彼らを労います。

A支店長は、頭を下げ、

「私の指導が行き届かなかったために、君たちを成功に導けなかった。申し訳ないと思っている。すまない。私がもう少ししっかりと応援してあげられたら、君たちをこんなカタチで離職に追い込むようなことはなかったのに……。本当に申し訳なかった」

さらに、A支店長はこう続けます。

「君たちには、支店の立ち上げから一緒に本当によく頑張ってきてくれた。本当に心から感謝している。君たちがいなかったら今の◯◯支店は存在していかっただろう。ありがとう！」

彼らは神妙な面持ちで聴いています。

「ところで、君たちの次の会社は決まったのか？」

と質問すると、

「いいえ、実はまだ決まっていないんです。何社か面接は受けているのですが、どうしようか迷っていて……。しばらくは無職ですが、焦らずにゆっくり考えて決めようと思っています」

と答える2人。

「そうなのか……。家族も心配しているだろうし、早く決まって落ち着くといいな。身体に気をつけて頑張ってくれ！」

と、心からのエールを送り、送別の儀は終了しました。

実はこのとき、2人の転職先はすでに決まっていたどころか、翌日から次の会社へ出社することになっていたのです。

引き抜いた4名の営業社員とともに……。

以上です。

さて、この実話を聞いてどう感じますか？

何も知らない間抜けな支店長があわれだと笑いますか？

踏み込んで疑うことのできないバカな男だと。

いいえ、私はそうは思いません。

きっとこれからダーティーな管理職とダメな社員がいなくなったこの支店の生産性は上がると思います。A支店長は間抜けでもバカでもありません。正真正銘の「高潔な男」であると言えます。この高潔な支店長の元、組織の未来は心配ないでしょう。むしろ、コソコソと嘘に嘘を塗り重ね、後ろめたさと罪悪感を抱えたままで逃げて行ったBさんたちの将来が心配です。

すでに前章で理論を学んだあなたなら、理解できるはずです。

「ダーティー行為」オンパレードのBさんと Cさん。

またそれを**ものの見事に「シェルター」して**いましたね。

その罪悪感に対して**「再刺激」に次ぐ「再刺激」の連続**でしたから、BさんとCさん……、相当にいくつもの**「正当化」で自分をごまかしていた**ことが想像できます。

それにしても、彼らの行く末が心配です。

これからもずっと自分で自分に「裏切り者」や「卑怯者」のレッテルを貼ったまま生きて行くのですから……。

お世話になった方々や仲間たち、そして世間の人たちに対して、「ここで新しく働くことになりました!」と、堂々と言えない職場で働くわけですよね。

なぜ、すべての人に祝福され、「その転職いいね」、と言われるような行動が取れないのでしょう。


自尊心を失った彼らには、もはや誇りもなければ正義もありません。


普通であれば、長年一緒に汗水流して苦労を共にしてきた上司に対してですから……、せめて最後の最後くらいは、

「次の職場は○○生命に決まりました。○○君も一緒に連れていきます。ご迷惑もおかけして本当に申し訳ございません。いろいろとお世話になりありがとうございました」

と、正々堂々と宣言し、正直な挨拶をすべきでしょう。

勇気を持って正直に事の次第を説明し、謝罪すべきことはちゃんと頭を下げるべきです。

自分が正しいことをしているという自信があるなら、堂々と将来のヴィジョンを訴

えられるはずです。

彼らは、肝心なところで、人生を左右する大事な局面から逃げてしまったようです。**「直面することなく」、逃げてしまったのです。**

自分で自分の自尊心を傷つけ、人としての誇りを失ったのです。おそらく彼らはまだそのことに気づいていないでしょう。

自尊心を失ってしまった彼らは、本当の自信が持てません。

卑怯な自分が好きになれません。

したがって、善良な人とのコミュニケーションがうまく取れなくなります。

表面上の協調性だけで距離を取り、差し控えた関係しか保てなくなりますから、部下は育ちません。

悪いことをしてしまった自分を責めて生きていきますから、**自己評価が下がり成果**

が上がりません。生産性はどんどん下がっていきます。

いつになっても本当の自分自身に自信が持てませんから、**正しい判断に迷い意思決定力が落ちます。**

冴えない「直観力」で決断をした下した戦略はことごとく失敗に終わります。

そして、間違った方向へ、間違った方向へと、彼らは向かっていきます。

そう……、

まさに自分の思った通りに。

さて、A支店長に話を戻しましょう。

彼らが退職してすぐにBさんらの転職先の情報が入ってくるようになります。まさに真実をA支店長も知ることとなったのです。

それを知ったA支店長は穏やかな顔で私にこう語りかけてくれました。

「私はまったく彼らを裏切り者だなんて思っていない。ましてや恨みもない。彼らには感謝の気持ちと申し訳ない気持ちでいっぱいだ。そのことは、彼らに直接、寿司屋で話した通り。正直な気持ちだ。それなのに、彼らは『自分は裏切り者』だと決めてしまっている。だから、本当のことが言えないのだろう。かわいそうに……。それよりも、彼らの行く末が心配だ。このまま逃げっ放しで、自分の過ちに気づかないままなら、また失敗を繰り返し、今度はもっと大きな挫折を味わうことにもなりかねない。B君、C君たちが、いつか謝罪する勇気を持って私に許しを得にやってきてくれることを祈るよ。いや、正確には私に対してじゃないな。私ははじめから彼らを恨んでもいないし、許しているのだから……。**彼らに必要なのは、自分で自分を許してあげることだろう**」と。

あなたはどう感じますか？

この先、成功を勝ち取るのは、どちらの生き方をしていく人だと思いますか？

私はどんなに人に騙されても、A支店長のように、自分を騙すことなく正々堂々と生きていく「高潔さ」を持った人が成功していくと確信しています。

私もまた、A支店長のような生き方をしていきたいと思います。自尊心を失わずに。

この実話の中には、「インティグリティ」に関するヒントがたくさん隠れていますよね。

あなたにも参考になるのではと思い、ご紹介させてもらいました。

実はこの「中間管理職の悲劇」という話、私のメルマガでも配信したことがあるのですが、後日、ある有名な先生から嬉しいご意見メールが届きまして……。

その有名な先生というのは、今までに5000名以上の経営者に対して人事・管理の指導を行い、組織の生産性を上げてきた実績をお持ちの方なのですが、その道の専門家である先生より、私が配信した「中間管理職の悲劇」についてのご意見が突然届いたときは驚きました。メルマガのリストに登録していたのも忘れていたくらいで、返信をいただけたのは初めてのことでした。

内容は以下の通りです。

『流石ですね、早川さん。正しくデータをものにしていらっしゃるし、「エシックスの観点」から彼らの行く末をしっかりと予測しておられる。これは人事のエキスパートの観点です。世の中の人事が無能である根本の原因はエシックスの観点を知らないからなんですよ。ですから、早川さんは流石です』

というお褒めの言葉でした。

エシックスというのは「倫理」という意味で、

本書で説明してきた「善の意識」のことです。

私たちの心の中に持っている……本当はすでに知っている「善の意識」や「倫理

観」が大事なんだということが改めてわかりますね。

「ダーティー行為」を見過ごすという「ダーティー行為」

さて、次にご紹介するのは、私の指導者としての過去の失敗談です。当時は正しいと思っていたことなのですが、「善の意識」の観点からみたときに、間違っていたな、と改めて思うことです。

まさに、深刻な「ダーティー行為」を犯してしまった部下に対して、さらに私自身も「ダーティー行為」を犯していたという実話です。

私は長年の間、外資系生保で支社長職に就いていました。

営業社員だけでも100名を超える陣容を預かっていましたから、それはもう日々いろんな問題が起きます。

私はその部隊の責任者ですから、何か問題が発生するたびに、指示を出したり、自ら問題解決に向かったりするわけです。そうすると時々ではありますが、警察沙汰みたいなことも勃発します。

最も驚いたのは、殺人事件の捜査で刑事さんが訪ねてこられたときです。山奥でフィリピン女性の全裸死体が発見されて、その容疑者として私の部下が浮上したらしく、私も事情聴取されて、アリバイの証拠品として事件当日の部下の営業活動日報をコピーしてもっていかれました。結局、犯人ではなかったんですけど……。

そのほかにも、酔っぱらって暴れて逮捕、とか、ケンカして逮捕、とか、何度か警察署に迎えに行ったことがありました。職場の責任者が行くと、留置場から早く出してくれるらしいのです。

そんな中で一番印象に残っているのが、「痴漢で逮捕」です。これは、ショックでした。まさかお前が、という社員でしたから……。

酔っぱらって逮捕くらいならばまだかわいいのですが、痴漢となると深刻です。年頃の3人の娘を持つ父親である私自身としては、最も卑劣で恥ずかしい犯罪であると思っているその「痴漢」で部下が逮捕とは……。びっくりしました。

仮にその部下をD君ということにしましょう。独身だったD君を、彼のお父さんと一緒に警察署に迎えにいったときには、D君、号泣していました。

数日間、留置場に入れられていたD君のあまりにも憔悴している姿をみたそのときは、深く反省も後悔もしているのだろう、となんだかD君が可哀相に思えてきました。罪を犯したのですから、当然の報いなのですが……。

私は示談を成立させるために（そうしないと釈放してくれない）、警察署内の一室にて被害者の方との交渉役として席に着くこととなりました。

被害者の方は20歳の女子大生でしたのでお父様と二人でした。

こちら側は、D君の無口なお父さんと私。そこの場においても交渉上手だった私は示談金15万円で話をまとめました（相場は30万〜50万円くらいらしい）。そのおかげでD君は晴れて釈放です。

私はD君に対して、かけてあげる言葉もありませんでした。きっと魔がさしたのだろうと、私は怒ることも何もしませんでした。社内的にも内々で交渉をし解雇等の処分も免れました。

よしこれで一件落着、と思っていたら、後日、D君が泣きついてきました。何だろうと思ったら、何やら被害者のお父さんから電話があって、やっぱり示談金が安すぎるから30万円払えと言ってきているとのこと。それで、私にもう一度、電話でお父さんと交渉してくれ、と言うのです。

「あとはもう自分で交渉しろよー」と思いましたが、罰金も支払わないといけない上に示談金を30万円支払うのは厳しいし、話がまとまらないと裁判所での処分に影響がある、とD君は言うのです。

すべては自業自得なのですが……、もう一度、私が交渉してあげました。

最終的には、示談金20万円で落ち着き、D君は大変喜んでいました。

そのときから、何かが心に引っかかっていたのですが、私はそれからも引き続き、D君を何かにつけて特別扱いして応援し続けていました。

しかし、しばらくすると、成績の良かったD君もなぜか成績不振に陥り、突然会社を辞めてしまいました。

その間の勤務態度もあまりよかったとは言えませんでした。

私に対しての感謝の気持ちどころか、甘えっぱなしで反抗的な態度を取ることさえ少なくありませんでした。

お金に困って住民税を滞納していたため税務署から差し押えの通知が届いたこともありました。

彼の不幸な状況を考えると、やはり、「ダーティー行為」と「シェルター」の繰り返しにより、自尊心がボロボロになっていたのかもしれません。

後々になって考えてみると、魔がさしてやってしまった痴漢行為なのではなくて、逮捕されるまでに数回、いや、もしかすると常習犯だったのかもしれません。

たった一回、初めて痴漢をして、その場で逮捕されるって、普通は考えにくいですよね。

「善の意識」の観点から考えると、私の指導は完全に間違っていたな、と今では反省しています。

なぜ、彼の酷い「ダーティー行為」に対して、強く正しく叱ってあげられなかったのか。表面上だけのことを信じるのではなくて、なぜ、**愛を持って疑ってあげなかっ**

たのか。

「逮捕されちゃってツイてなかったな」とは、まさか言いませんでしたが、示談交渉を手伝ってあげたり、ある意味「痴漢の味方」をしてあげたわけで、被害者の女性を思いやることの大切さだとかを、なぜもっとD君に徹底的に諭してあげられなかったのか、と思うと悔やまれます。

それは私しかできない役目だったんじゃないか、と、今になってつくづく思います。ただ単に、私は寛容な態度を見せて、カッコつけていただけなのでしょう。**D君と直面していなかったのです。**

理解のある振りをして、本当にD君を立ち直られてあげる指導ができていなかったのかと思うと、D君に申し訳ない気持ちでいっぱいです。

「罪を憎んで人を憎まず」の解釈を完全に誤ってしまいました。

私のせいで、D君は今もなお卑劣な「ダーティー行為」を犯し続けていなければよいのですが……。

正しい指導ができなかった私の行為もまた、「ダーティー行為」だったのではないか、と、気づかせてくれた、そんな出来事でした。

あなたにも、よく思い出してみると、このような**「ダーティー行為」を容認してしまうという「ダーティー行為」**の体験があるかもしれませんね。

余談になりますが、『ゴールデンスランバー』という映画、ご存じですか?

伊坂幸太郎さんの同名小説も有名ですよね。主演の堺雅人が首相暗殺という無実の罪を着せられて、逃げて、逃げて、とにかく逃げる、という映画です。濡れ衣とはいえ、闇の組織にハメられて逃走しているわけで、実家の両親には会えないばかりか、電話や手紙も盗聴や検閲されてしまうために消息を知らせる術がありません。

そこで、誰よりも無実を信じている伊東四朗演じるお父さんに「自分は生きている」っていうことを知らせるため、宛名も何も書かれていない一通の手紙を出します。

その手紙の中には、息子しか知らないお父さんの「座右の銘」が書き初めのように大きく毛筆で書かれていました。

そこには、ひと言だけ、

「痴漢は死ね」
とありました。

さすが、「高潔な父」を象徴するシーンだな、と微笑ましい中にも感動がありました。

さらに、伊東四朗演じるそのお父さん、すべての証拠が100%息子が犯人だと証明しているにもかかわらず、テレビカメラの前で「うちの息子はやってない」「うちの息子は絶対に犯人じゃない」と言い張るわけです。

「なぜ、信じられるんですか」というマスコミの問いに対して、こんなことも言っていました。

「オレは信じてるんじゃないんだ、知ってるんだ！　オレはアイツのことを、ずっと昔から『知ってるんだ！』」って、叫ぶシーンがあります。

いいですよねぇ。

「知っている」、という言葉。

あなたも「自分を信じる」のではなくて、「自分を知っている」ということを「知って」ほしいです。

あなたが正義の人であり、善の意識を持って生まれてきて、そして、善の意識を持って生きている、ってことを知ってほしいです。

さらに、電車内の事件について、余談中の余談ですが、ある関係者から面白い情報を入手しましたので、お伝えしておきます。

あなたも電車に乗って通勤されていると思いますし、ほとんどの方がそうだと思いますが、最近の電車、よく遅延すると思いませんか?

理由は様々で、人身事故や信号故障、など……ですよね。

その中にときどき、

「ただいま○○駅におきまして〜、線路内に人が立ち入ったため〜、停車しております」

というアナウンスを聞きませんか。

はいはい、そういえば、よく聞くような気がしますよね。でも、よく考えてくださいよ。普通、線路内に人が立ち入りますかねぇ？　「よくあること」じゃありませんよねぇ。

なぜ、よく人が線路に立ち入るのか……ついに謎が解けました。

実はあのアナウンスはですね、どうやら鉄道関係者へ、あることを伝えるための「隠語」らしいんです。

だから、本当は線路内に人なんて入り込んでないんですよ。

ああ、そうか、なるほど。どうもおかしいと思いました……。

えっ？

じゃあ、いったい、どういう意味なのかって？　それはですね。

「痴漢が捕まって電車が遅れたとき」に流すらしいのです。

「線路に人が入った」と嘘を言って……。

なーるほど、だったら、有り得ますよねぇ。長年の疑問が晴れてすっきりしました。

ですから、女性の皆さん、これからはですね、もしも、あの憎っき痴漢の被害にあったときにはですね、大きな声でこう言ってやってください。

「私の線路に立ち入らないで！！！」と（笑）。

そうやって、卑劣な「ダーティー行為」を撃退してください。

私も、電車内での卑劣な「ダーティー行為」を見つけたら、思い切り言ってやります。

「痴漢は死ね」と。

なんだか、ちょっと「インティグリティ」から脱線してきちゃいましたね。

では、次に、私が「善の意識」を発揮した実話をご紹介しましょう。

「良心」を試された究極の試験

いきなりですが、カミングアウトします。

いつも元気で楽天的に見える私に対して、まるで弱点がないように思われている方も少なくないようなのですが、そんな私にも背負っている大きなハンデがあります。

実は私、

「パニック障害」なんです。

病院に行って診断してもらったわけではないのですが、経験者の方々のお話やネットの情報などから判断すると、間違いなくパニック障害みたいなんですよね。

たびたび発作に見舞われます。

パニック障害の発作というは、満員電車などの閉鎖的で狭い場所で突然起こります。

飛行機の狭い座席、散髪屋のシャンプー中、満員の映画館、歯医者の治療中、渋滞中の車の中、混雑している地下の飲食店、などの拘束された空間が苦手です。

ディズニーシーのアトラクション「海底2万マイル」に家族で乗り込んだときにも発作が襲ってきたほどです。

発作を経験したことのない一般の方には、理解できない苦しみだと思いますが……。それはもう言葉では言い表せないほどの息苦しさと「いてもたってもいられない」心理状態になり「ここから出してくれー」というパニックに襲われます。

わかりやすくいえば、瓦礫の下に「生き埋めにされた」悲惨な状況に陥り、いつ誰が助けに来てくれるかわからない、という拘束された精神状態と同じような苦しみです。

想像してみてくださいよ。耐えられますか？？？　生き埋めですよ。

ただ、私の症状や度合は、重度の患者さん（めまい、吐き気、自律神経失調症などの症状で家から何年間も外出できない人もいるらしく）に比べれば軽度だとは思いますが……、私の場合は、その発作が再発するのではないかと恐れる「予期不安」という症状が強くて、過去に発作を起こした場面を思い出して、また発作が起きるのではないかと、「来るかも、来るかも」という強烈な不安と恐怖感に襲われます。

そうして、私はときどきパニック障害の発作を繰り返しているわけです。

ちなみに、パニック障害を患っていることを告白したことのある著名人は多く……、Ｋｉｎｋｉ Ｋｉｄｓの堂本剛、中川家の中川剛、長嶋一茂、安西ひろこ、ＩＫＫＯ、高木美保、森昌子、田中美里、日本ハムの小谷野、競馬騎手の藤田、プロレスラーの秋山、などがカミングアウトしています。


このパニック障害というのは、人に話してしまうと楽になるらしいのです。

たしかに私も、散髪屋の理容師さんに告白してしまったらシャンプーのときの発作が少なくなりましたから……、効果があるようです。

ということで、今回はこの書籍を通して数万人？ の方々にカミングアウトしたら効果も数万倍かもと考えて、こうしてカミングアウトさせていただいています。


病気との「直面」です。


そして、この話には私の**「善の意識」**を伝えるための続きがあります。

その病気と関連して、私の「正義」が試される……ある「事件」が起こったのです。

先日の朝の通勤時の出来事です……。

私は毎朝、雪が谷大塚駅から東急池上線に乗り五反田駅で山手線に乗り換えて、恵比寿駅まで通勤しています。

山手線の外回りは空いていますし、たった2駅の4分間だけですからまったく問題ないのですが、私にとっての鬼門は満員電車で格闘しなければならない「東急線の魔の13分」なのです。

本来ならばパニック障害である私にとっては耐えられないはずのその時間も、運の良いことに、車庫がある雪が谷大塚駅は2本に1本が駅始発なんです。ですから私は混雑している電車を避けるため始発電車に乗る行列に並べばＯＫ。

2本くらいの電車を見送って列の一番前に並び、いつでも脱出できるドアよりの端っこの席をゲットできれば、発作は免れることができます。一心不乱にメールを打ち続けていれば気が紛れて、あっという間に五反田駅に到着です。

その朝も、電車を2本見送り列の先頭をキープ。

やっと駅始発の電車に乗り込みいつも通りのドア寄りの席に座れました。

やれやれ今日もこれで安心、『パニック障害の発作回避』だと思って安心したのも束の間……。

なんと、次の石川台駅から杖をついた老婆が私の車両に乗ってきて、私のすぐ前に立ちはだかるではありませんか……。

う～ん、やっぱりお年寄りには席を譲らないというのは、人としていけないよなぁ……。

席を譲って差し上げないと……。

という思いと、

ああ、そんな～

せっかく苦労してゲットした席なのにぃ……。

こちらもパニック障害をかかえた……ある意味では「体の不自由な方」なんですけどぉ……。

このまま座らせてもらっていてもバチは当たらないでしょ～！

おばあちゃん、ごめんなさ～い！

と、一瞬迷い、天使と悪魔が葛藤を始めましたが……、寝たふりをすれば、その瞬間、私の「ダーティー行為」は「シェルター」され、それを正当化することになるでしょう。しまい込まれた罪悪感は私の自尊心を奪い、エネルギーを奪っていきます。私からコミュニケーション能力や意思決定力など、多くのパワーを奪っていきます。もちろん、「直観力」も。

私は『善の意識』に従って決断を下しました。

おばあちゃんに「どうぞ」と席を譲り……。

結局……。

私は通勤ラッシュの満員電車でパニック障害の恐怖を味わうはめに……。

ギューギュー詰めの人の壁に囲まれた私は、やがて堪えられなくなり途中下車……。

ふたたび満員電車に乗り込む勇気はありませんでした。

といっても、会社に遅刻するわけにもいかず、私はタクシーで会社へ向かいました。

3000円の出費です。

タクシーに乗り換えてまで、お年寄りに電車の席を譲った経験って……あなたはありますか???

普通はないですよね（笑）。

まあ……、当たり前の行動をしたまでですから自慢するようなことではないのですが……。

今になって、つくづく思います。お年寄りが目の前に立ったとき、目をつぶって寝たふりをしなくてよかった、と。

あのまま目をつぶって座り続けていたら、

「ダーティー行為」→「シェルター」→「再刺激」→「正当化」→「抑制」→「孤立」→「自尊心喪失」→「直観力減退」→「不幸」

という「不幸スパイラル」にハマってしまうところでした。

なんだか**神様に「良心」を試された究極の試験に合格した**ような気がしています。

あなたも気を付けてくださいね。

「正義の試験」がやってきたら、素直に「善の意識」にのっとり正しい「直観力」で判断してください。

自分の過去との直面

さて、ここから、本題である**「直面する」**という課題に入ります。

あなたが**正しい「直観力」を発揮するために、自分の過去と向き合う、**ということをしていいただきたいのですが、どんなふうに向き合えばいいのか、あなたにもイメージしやすいように、私の実体験を基に解説を加えていきたいと思います。

私のメルマガでも紹介させてもらったことがあるのですが、私の生い立ちから順を追って語っていきますので、かなり長くなりますが、お付き合いください。

あなたは、自分が幼稚園児だったの頃の記憶の中で、何か覚えていること……、ありますか？

私はほとんど記憶がありません。

まったくと言っていいほど覚えていないのですが、その少ない記憶に中で、かすかに蘇ってくる記憶が二つだけあります。

私は幼稚園から帰ってくると、母親からもらう30円のお小遣いを握り締め、全力疾走で近所の駄菓子屋まで走って行くのが日課でした。

1本5円の「ちびっこコーラ」を飲みながら……。近所の悪ガキたちと駄菓子屋でたむろしていました。

絵にかいたような古き良き昭和の世界……。

まさに、映画「ALWAYS三丁目の夕日」の世界ですね。

そんなある日、幼稚園の先生が家庭訪問にやって来たことがありました。

その光景だけは今でも鮮明に覚えています。なぜならば、私は担任の先生に対して

「小さな怒り」を覚えたからです！

先生は母に聞きました。

「まさる君へのお小遣いはどれくらいあげているんですか？」と。

母は正直に答えます。

「はい、毎日、30円渡しています」と。

すると、先生は言います。

「30円ですか。ちょっと多すぎませんかぁ……」と。

まあ、たしかに１９６０年代の貨幣価値を考えると、だいたい今の10分の１ってところでしょう……。ってことは、１日のお小遣いは３００円位ってことになりますから、ひと月あたり約1万円の計算ですよね。

ははっ、そりゃあ、幼稚園児の分際で1万円は多すぎますよね。先生の言い分もわかります。

さらに家庭訪問での先生のお言葉は続きます。「お母さん、30円は多すぎますから、せめて1日20円に減らしてください」と。

おいおい、先生様……、それはないでしょ〜、と私は心の中で叫びました。だって、30円から20円に減らされるということは、30万円の月給をいきなり20万円に減らされるようなもんですよー。私の立場からすると死活問題です。

皆さんだって、抵抗しますよねぇ。

しかし、今思うと、バブリーなガキでした（笑）。

そんなふうに……経済的には何の苦労も知らない贅沢三昧の幼稚園児だった私も、心は清らかで『高潔』でした。

胸を張れる記憶が一つだけあります。

それは、初詣でのお参りで行った「厚木神社」でお祈りした内容です。

あなたは覚えていますか？　神様に何を祈ったか？

普通は覚えていませんよねぇ？

5歳の頃、初詣で何を祈ったかなんて。

でも、私ははっきり覚えています。

しかもそれは、普通の子供ならばまず祈らないような「高潔な願い」だったのです。


実は私、当時は、戦争を体験している祖父と同居しておりましたので、ことあるたびに祖父から戦争ネタで脅かされ続けてきました。

私がちょっとでもわがままを言うと……、

「戦争が始まったら、毎日毎日、配給のさつまいもしか食べられないんだぞー」とか、

「戦争が始まって軍隊に入ったら、毎日上官から往復ビンタされるんだぞー」とか、

「毎晩、爆弾が空から落ちてくるから、電気を消して防空壕で暮らすんだぞー」とか、
それはもう子供にとっては、恐ろしいたとえ話ばかりでした。

素直な私は、それを信じきって「戦争だけはイヤだ」と心底おびえていました。


はい、そうなんです。私が幼稚園児のときに神社で心から祈ったのは、

「世界平和」でした。

5歳の私は、手を合わせて祈りました。

「神さま～、どうかお願いですから、戦争だけは起こりませんように！」と。

なんという、素晴らしい子供なんでしょう（笑）。

それにしても、天国のおじいちゃん！！！　ちょっとちょっと～、小さい子供を脅かし過ぎなんだよー（笑）。

でも、おかげで、今でも「世界平和」を心から祈っている大人に成長いたしました。

亡き祖父のおかげです。

少年期の志

さて、続きまして、「世界平和」を心から祈っていた幼稚園時代より少し年を重ねて……小学校6年生になりました。

大人になってきますと、同窓会でもないかぎり、小学校の卒業アルバムを読み返す機会というのは、まずないのではないかと思います。

その卒業アルバムに必ず載っているのが、「将来の夢」や「大人になったらなりたい職業」といったコーナー。

ありましたよね？


皆さんは何と書いたのでしょうか？　覚えていますか？

たとえば……、

「パイロットになりたい」

「プロ野球の選手になりたい」

「お医者さんになりたい」

「歌手になりたい」

「マンガ家になりたい」

「ケーキ屋さんになりたい」

など、子供らしくてステキな夢ばかりならんでいます。

なかには、「お嫁さんになりたい」というような可愛い夢もありました。

さて、私早川はなんて書いたと思いますか？　これまた私の場合、かなり変わった子供でして……。

恥ずかしながら私が卒業アルバムに書いた「夢」は、

「人類をのっとる」

でした（笑）。

おいおい、「のっとる」って表現は、ちょっとウルトラマンの見すぎだろー、って感じですが、小学校のときから**「人類」**という言葉を使っているところが、変人ですよね（笑）。

「人類」ですよ！「人類」。

照れ臭さから「のっとる」という言葉を使っていますが、実は、小学生のときから

「人類の幸せのために働く」という夢を描いていました。

「野心」よりも『愛と感動』を語る子供でした。我ながら凄い使命感であった、と驚きます。

私は、5歳（幼稚園生）で「世界平和」を祈り、

12歳（小学生）で「人類」を思い、

さらに、中学生時代に何を思ったか。

そこから私自身の人生観が大きく変化することとなります。

それは中3のときに訪れました。

厳しい現実の中で起こった「悪魔との苦闘」。

私がいまだかつて誰にも語ることなく封印してきた中学生時代の忌わしい体験に「直面」し、それを公開することにします。

封印していた暗黒の過去を受け入れる

幼少のころから世界平和を祈り、「人類のために」という夢を志した少年時代。突如として悪魔のような「敵」が私の前に立ちはだかることとなります。

人類の敵に立ち向かうどころか、私一人を攻撃してきた『たった一人の敵』に負けて、**正義の心は粉々に打ち砕かれてしまいました。**

今現在の私をよく知る人にとっては、私が中学3年生のときにいじめに遭っていたとは、誰も想像できないのではないでしょうか。

おそらく周囲の人たちが想像する私早川のイメージというのは、

〝明るく自由奔放にわがままいっぱい自己主張をし、何事にも動じないような図々しさで、いつも楽しそうに「人生という宴会」を仕切っている〟

という活動的なナンパキャラだと思います。

「いつも楽しそうでイイですね」というようなことを、周囲の人たちは言ってくれます。

たしかに私は、積極的かつ行動的に振舞い、様々な方々と広い人脈を築いてきました。そして、その素晴らしいご縁によって救われ生きてきました。

ところが、そんな私にも**「暗黒の1年間」**があったのです。

私は、中学校3年生のとき、Bという同級生から執拗な嫌がらせを受けていました。ほぼ毎日のように卑劣な犯罪行為は続きました。とにかく、陰湿で酷いイジメでした。

『恐怖』

この言葉がしっくりきます。

私はその悪魔に対して反抗することも拒否することもできませんでした。

何倍もの報復が恐ろしかったのか、金縛りにあったような恐怖感から何も抵抗できなかったのです。

日々、恐怖との戦いでした。

学校に行くのが嫌で嫌で仕方ありませんでしたが、中学卒業までの辛抱だと自分に言い聞かせ、耐えに耐える日々を過ごしました。

その1年間は悪魔からの攻撃に常に脅えながら「早く卒業して自由になりたい」と神様に祈っていました。


明日がやってくるのが恐怖でした。

夜眠る前には「もう明日の朝はやって来なくてもいい」と願ったほどです。

それくらい数えきれないほどの攻撃をBから受けてきました。


なぜ、ひと言「やめろよ」と言えなかったのか、今思えば、不思議でなりません。


そのような酷い仕打ちを受けても、親兄弟や先生など、周囲の人に相談するどころか、誰一人としてその事実を話すことはしませんでした。

当時の私にとっては「精一杯のプライド」だったのでしょう。目の前の真実と「直面」できなかったのです。嫌なことを嫌だと言うべきであった自分自身と「直面」できなかったのです。

卒業後、悪魔から解放されたあとになっても、その事実は誰にも言えませんでした。親友にも、家族にも、どんな親しい仲間にも語ることなく、**「封印」**してきました。

私の人生においては「存在しなかったこと」にしてきた1年間。

Bへの憎しみよりも、**自分自身への「嫌悪感」のほうが強かった**のでしょう。

私はその当時の弱い自分が大嫌いでした。

そうして**「暗黒の1年間」は、自分の人生から抹殺してしまいたい過去**となりました。

「弱者の仮面」と「勝者の仮面」

その結果、私の価値観は歪んでしまいました。

『この世の中、無抵抗な「平和主義」では、恐ろしい敵から攻撃を受けてしまう、

「まじめな自分」のままでは、この世の中は生き残っていけない』

そのような歪んだ解釈に変わってしまったのです。

悪魔から攻撃されないよう「強くならなければ！」と、中学卒業と同時に「恐怖からの脱出」を誓いました。

「負け犬のみじめな人生はイヤだ！　勝つんだ！」と。

しかし、どう強がってみても暴力に暴力で立ち向かう性格にはなれませんでした。

根っこが「平和主義」と「人類愛」ですから（笑）。

そこで私は**弱虫の仮面**をかぶったまま「まじめでないキャラ」を作り上げたのです。

それが今までの私です。

これまでずっと漫才師のようなこのナンパキャラで生きてきました。

面白おかしく、楽観的に。

そして、その後の人生においては、思い通りに私の人生から「まじめ」を抹消することに成功しました。

ついに「バラ色の人生」が始まったのです。

人生とは、なんでこんなに楽しいのか、**『快楽的』な日々が続いていきます。**

そして、**勝者の「自信」が生まれました。**

私は人生の大改革に成功したのです……いや、成功したと思い込んでいた、という表現が正しいのかもしれません。

たしかに、私は「勝者」になりました。ある程度の成功は手に入れたのかもしれません。

しかし、所詮それは周囲の人と比較したときの私が、勝っているか負けているか、ただそれだけのことです。**勝者の仮面**を手に入れただけだったのです。

「本物の自分」がなりたいはずの自分ではありませんでした。

「まじめ」という言葉を辞書で引くと……、真剣、本気、誠実、など、素晴らしい意味がたくさん出てきます。また「使命感に燃えて行動し自らも節度を守ること」とも書いてあります。

私は大人になってからずっと、この言葉を本能的に**「拒否」**してきました。自分の中から「まじめ」を拒絶してしまうのですから、本当の「まじめ」の意味を理解した生き方はできませんよね。

とはいっても、根っこは『まじめ』ですから仕事には誠実に取り組むこともあり、よく周囲の人から、『意外とまじめなんですね』と言われてきました。

しかし、「まじめじゃない振り」が好きですから、**私はずっと目の前の「真実」と向き合うことなく拒絶し、「ニセポジティブ」で逃げてきたのです。「まじめ」に直面してきませんでした。**

本当の自分に気づいていなかったのですから、本当のゴールが見えるわけもありません。

プライベートにおいては、『不まじめ』な行動でトラブルを招いてしまったことは、一度や二度ではありません。

それまでの私は、偽者の仮面をかぶって生きてきたんだな、ということに気づきました

「敗者の仮面」をかぶったその上に、「勝者の仮面」を二重にかぶって生きてきたのです。

ただひたすら、懸命に……。

そこで、私はついに「ある決意」をしました。

本来のクソ真面目な自分自身として高潔に生きていくことを。

それにはまずは、あの忌わしい**過去を受け入れなければ**と考えました。

しっかりと**直面しなければ**……と。

そこで、なんと私は、34年前の悪魔B本人と直接アポイントを取り、地元本厚木まで会いに行ってきたのです。ロマンスカーという名の「タイムマシン」に乗って。

凄いでしょ?

34年振りの再会が実現してしまいました。

その場面で私は、驚くほど「変わり果てた悪魔B」と対面することとなります。

「どうやって大昔の同級生の連絡先をつきとめたの?」

と思いますよねぇ?

まず、ゼンリン地図で私の生まれ故郷である厚木市旭町付近を探してみました。

「たしか、このへんだったよなぁ」と、一軒一軒追って見ていくと……、

4丁目に見つけました。Bという名字の家を発見!

今でもちゃんと当時の実家が残っていたのです。

そして、NTTの案内で電話番号を調べて、実家に電話をかけてみました。

するとその電話には、Bのお母さんらしき人が出てくれました。

最初は「オレオレ詐欺」じゃないかと怪しんでいたようでしたが、「中学校の同窓

会の連絡です」と説明して、私の携帯番号をB本人へ伝えてもらえるようお願いしました。

そうしたら、2日後にBから電話がかかってきたのです。

私の名前では電話はかかってこないのではないかと思っていたのですが、まずは34年振りの会話に成功したのです。

私は電話でBにこう言いました。

「まあ、同窓会と言っても、二人だけの同窓会なんだけどね！」と（笑）。

あとはすべて正直に趣旨を話しました。

「自分の過去を受け入れて直面したいから」と。

Bは予想に反して、すんなりと抵抗なく私と2人で会うことに応じたのです。誘った私もそのときは驚きましたが、あとで考えてみると、Bの罪悪感が彼を動かしたのだということがよくわかりました。

悪魔Bの正体〜タイムマシンの奇跡〜

そしていよいよ、悪魔Bとの直接対決、です。

「その瞬間」「その場所」へ立ち返り、「直面」するときがやってきました。

34年前へ「バック・トゥ・ザ・フューチャー」。

私はタイムマシンを「1977年」の過去にセッティングしました。

時代は、ピンクレディー(「SOS」)、キャンディーズ(「やさしい悪魔」)、山口百恵(「絶体絶命」)が全盛期で……、まるで私の陥っている「悪魔のイジメから救ってくれー」という環境そのものを歌っている曲のようにさえ聴こえてきていましたし、レコード大賞は沢田研二の「勝手にしやがれ」……でしたから、中学生時代の私は悪魔に向かって「♪出ていってくれぇ〜〜♪あ〜あ〜♪♪」と、切実な心境でその曲を聴いていていました。

ちなみに、その時の新人賞は、まだ一度も逮捕されていない時の清水健太郎(失恋レストラン)でした(笑)。

ヤングな方には、かなり古過ぎるネタですね……すいません。

そんな……時の流れを感じながら、**私を乗せた新宿発のタイムマシンは、たった41分で34年前の過去まで私を運んでくれました。**

瞑想状態のロマンスカーでは、まさに夢の中。あっ、という間に「過去」に到着です。

待ち合わせは、小田急線本厚木駅の改札口。私が生まれ育った地元です。先に着いたのは私。

しばらくすると、真正面からBがこちらに向かって歩いてきました。来る来る来る……、近づいて来る、たしかに、34年前の悪魔・B本人です。

面影があってBだということはすぐにわかったのですが……、私は唖然……、ビックリしてしまいました。

その変わり果てた外見に……。

まあ、たしかに、34年振りですからねぇ、歳をとった風貌になっているのは当たり前なんですけど。

いや〜、それにしても驚きました。

まさに浦島太郎が玉手箱を開けた瞬間におじいちゃんに変身してしまったように、彼の頭の毛はすっかりハゲあがってしまい、わずかに残された後頭部と側頭部の髪の毛は真っ白な白髪頭。当時、ロン毛の前髪をかき上げていたBの印象は微塵も見られません。

暴力的で威勢のよかった姿は影をひそめ、悪魔が悪魔に呪われて精気を吸い取られてしまったような……そんな不気味ささえ感じました。

中学時代のBというのは、いわゆる不良というカテゴリーではなく、お勉強もスポーツもできて活発なタイプでしたから、周囲から見たらいじめっ子どころか、「良い生徒」に見えていたに違いありません。

私自身の心理状態も、良い生徒から**攻撃を受けている私は「ダメな生徒」である、**

という低い自己評価でした。

究極の「自己卑下」。

そこまで**私の自尊心をズタズタに引き裂いた恐怖の悪魔**。その悪魔からはすっかり攻撃的なエネルギーが失われ……衰えていたのです。

さあ、居酒屋に異動して、静かに二人の直接対決が始まります。

すでに、事前に電話とメールで情報交換は済んでいました。
最初の電話での反応は意外にもスムーズで、私が電話で伝えた趣旨に対して、Bはよく理解してくれましたし、その後、待ち合わせ等を確認するメールでのやり取りの中で、わずかではありましたが、Bからの**謝罪**もありました。
過去の卑劣なイジメ行為＝「ダーティー行為」に対する謝罪です。

たったひと言だけ……「申し訳ありませんでした」と。
「あまりよく覚えてないけど、たぶん受験勉強でイライラしていたんだと思う」

というのが、彼の言い訳でした。でも、覚えていない、というのは半分ウソでしょう。

覚えてないことにしておきたい、という気持ちになってしまうのも無理はありません。

本当はちゃんと覚えていたからこそ、Bはわざわざ私の誘いに乗って会いに来たのでしょう。

罪悪感がBを動かしたに違いありません。

私の記憶にあったのは大きな「恐怖感」と「屈辱感」でした。

しかし、当たり前かもしれませんが、今目の前にいるオッサンには何の恐怖感も屈辱感も感じませんでした。

消え入るような覇気のない声でボソボソと話をしているこの人物は、34年の時を経て、「悪魔」から、今度は害のない単なる「妖怪」に変身したんだ、と。そんな摩訶不思議な感覚でした。

むしろ過去に直面して私が気づいたことは、「恐怖感」という表面的な感情ではなく、「本物の私自身」が「私」に抱いていた「罪悪感」です。勇気のなかった自分に対する後ろめたさを抱えて生きていた、ということです。


まさかそのような感情がくすぶっていたとは……、思いもよりませんでした。

私はやっと自分を許すことができたのです。

何か得体の知れないものから解放され、はじめて自由になれた、そんな気がしました。


Ｂの近況を聞いてみると、大学を卒業後、厚木市の郊外にある電機メーカーの子会社に就職。

その会社で20年以上も設計の仕事をしていたらしいのですが、今は「従業員の不満や悩み事を聴く部門」に課長職のまま異動になったとのこと。

窓際から窓際への異動らしいです。

それにしても、「Ｂが部下からパワハラの相談を受けている」だなんて、なんという皮肉でしょう（笑）。

閑職で残業もなく会社帰りはそのまま会社近くのアパートへ帰る生活。

そのアパートで一人暮らしをしているBは、5年前に離婚して、今では家族とまったく音信不通。

二人の子供は本来なら大学1年生と高校2年生のはずらしいのですが、どこの学校に通っているのかさえも知らされることなく、会うことも許されていないのだとか。

家族との間に、何があったのかは聞けませんでしたが、家族の話をしているときのBの寂しそうな横顔に、人間らしい「**孤独**」な一面を見ました。


Bはおそらく私だけでなく、人生の様々な場面で「ダーティー行為」を繰り返してきたのでしょう。イジメ行為を正しかったこととして証明するために、繰り返し繰り返し悪い行為を犯してきたに違いありません。「シェルター」された罪悪感が、人間関係を「抑制」しまい、結果、職場でも、家庭でも、「孤立」してしまうことになったのです。

孤独そうなBの横顔を眺めながら、もはや、私はBを許しているのだな、と実感しました。

不思議なほど、憎しみも恨みも感じることはありませんでした。

ただ、一つ思ったことは、このたびの再会で救われたのは、私だけでなく、もしかすると「B」本人だったのではないか、ということです。

なるほど、そうですよね。

きっとBも重い十字架を背負って生きてきたに違いありません。

B本人も苦しんできたからこそ、今回の私の呼びかけに応じたのでしょう。

この再会で一番救われたのはBだったのです。

お互い直接に「謝罪」や「許し」の言葉を交わしたわけではありませんが、ホッとした**「安堵感」**に救われたのは、実は私よりもBのほうだったのです。

こうして、**過去と直面**できたのですから……。

もっと早く、Bが過去の犯罪行為と直面し、自分で自分を許してあげることができていたなら、Bはもっと違う人生、もっとイキイキとした幸せな人生を歩んでいたのではないかと思います。

もしかすると、愛する子供たちと離れて暮らすような事態には陥らなかったかもしれません。

こびりついた罪悪感が、愛する家族との間にも壁を作り、正しいコミュニケーションをも奪ってしまったのです。

Bは自分が犯した不正行為によって「自分は悪人である」というメッセージをずっと心の底の底に抑圧してきました。

そしてついに、私と再会することで、**幸せにブレーキをかけてきた「邪悪な心」から解放された**のです。

白髪のおじいちゃんになってしまった浦島太郎は、結局、自分で虐待したカメに乗せられて現代にもどってきた、というオチですね（笑えない……笑）。

罪悪感を抱えたBを私が救った、だなんて、皮肉な結果になったものだ……と、そんなことを考えながら、私は再びタイムマシンに飛び乗り、現代に戻ってきた次第です。

34年前に帰ってチャンネルを変えた瞬間、**私自身の過去も未来もすべて劇的に変化しました。**

直面する勇気。

本当の私は決して「弱虫」なんかじゃなかった、ということに気づきました。

さらに、今回のイジメ問題について、**実は、「私が私自身に対して行った不正行為」だったということにも気づきました。**

「やめろよ」と言えず、直面できないまま自分自身をいけにえにし、現実から逃げてしまったのですから。

それは私が私に対して犯罪行為を行ったことと同じだったんだな、と、つくづく感じました。

自分自身をもっともっと大切にすべきでした。

「直面力」＝「直観力」

自分自身への「ダーティー行為」という新たな気づきを得た私は、本書でお伝えしてきたこと以外の過去とも数多く向き合ってきました。

私が行ってきたすべての「ダーティー行為」についても直面したのです。

おかげで、人生が大きく変わりました。

本当に目指すゴールが見えてきました。

ここまで長々と私自身のことばかり書き連ね、解説を加えてまいりましたが、いかがでしょうか？

そろそろ、あなたにも「直面する」イメージが湧いてきましたか？

しっかりと「直面」しなければ「アナザー」とは決別できません。

本物の高潔なあなたを取り戻し、正しい「直観力」を磨くためには、常に直面するアプローチを忘れないことです。

いくつかの実例を挙げてきたように、あなた自身も、あなた自身のこととして、「直面する」ことから逃げないでください。

現在のあなたが直面しなければならないこともあるでしょう。

これから未来に向かって直面しなければならないこともあるでしょう。

いついかなるときでも、すべての原因を受け入れ、問題の本質と向き合い、逃げることなく「直面」してください。

それにはまずは、「過去の自分」と直面しなければなりません。

直面してこなかった出来事と直面し、直面してこなかった自分自身と直面してください。

あなたもたくさんしてきましたよね。悪いこと。

えっ?!

自分はそんなこと何もしていない、ですって?!

嘘はやめましょう。

ごまかさないでください。
あるはずですよ、よくよく思い出してみれば……。
アレ、ですよ、アレとアレとアレ。
思い出したくない、あの時のあの行為。
できれば、忘れたままにしておきたい、あの出来事。
「あーーー！」と、声をあげて抹殺したくなるような、誰にも言えないあのこと。

ありますよね?!

反道徳的な行為、意地悪な行為、迷惑な行為、自己中心的な行為、裏切り行為、または、見て見ぬふりをしてきた不作為、など、そのような行為で周囲の人のモチベーションを落としてきませんでしたか？

エネルギーを奪ってきませんでしたか？

両親に対して、

妻や夫に対して、
子どもたちに対して、
恋人に対して、
友人に対して、
同僚に対して、
上司や部下に対して、
お客様に対して、
組織に対して、
社会全体に対して、
地球に対して、

そして、**自分自身に対して……も。**

「続・死ンドラーのリスト」と直面する

それではここから、あなたには、ワークに取り組んでいただきます。
これからあなたにも、自分の過去と深く向き合っていただくために、「人生の棚卸し」をしていただきます。

「人生の棚卸し」と聞いて、あっ、と思い出した人もいるのではないでしょうか。
前作の『「捨てる」成功法則』の「最終ステップ―奥義―成功を捨てる」の中でも、お伝えしましたよね。「人生の棚卸し」について。
ただし、今回の「棚卸し」は、単純にそれと同じではありません。さらにグレードアップしていただきます。人生の「超・棚卸し」です。

「成功を捨てる」の中で、私が言おうとしたことは次の通りです。

心から感謝している人、大切な人、お世話になった人たちを思い浮かべ、それらの身近な人たちを100人リストアップしてもらいたい。

自分の人生に何らかの影響を与えたり、または与えられたり、かかわってきた人たちを思い浮かべてみてほしい。

死ぬ前に一度は会っておきたい人や最後に会いに行ってお礼がしたい人、せめてひと言でもいいから遺言を届けてから死にたいと思う人、そのような大切だと思う人から優先順位をつけて……家族、学生時代からの親友、会社の上司部下、親戚や近所の人、趣味やスポーツの仲間、仕事上のお客様や取引先の人、など、あなたが何らかの理由によりお付き合いをしてきた人たち、また現在のあなたを支えてきた人たち、その人たちをまず思いつくままにリストアップしてみてほしい。

何十年間会っていなくてもかまわない。もしも、あなたが一ヶ月後に死んでしまうとわかっているとしたら、誰に会っておきたいのか?

私は、そう問いかけました。

そうです、別名「死ンドラーのリスト」を作成しろと、書きました。

そして、成功を捨てる第一歩として、100人のリストと本気で向き合い決別する覚悟を固めない限り、あなたのステージは変わることはない、と熱く語りました。

もっと幸せになりたい、もっといい暮らしがしたい、もっと出世したい、もっと人間的に成長したい、もっと多くの人脈を増やしたい、もっと多くのことを学びたい、もっと社会に貢献したい、と望むのならば、執着している過去の人間関係を一旦ぶち壊せ、と。

依存している過去の人間関係を捨てろ、と。

あなたの成功を支えてくれた人脈さえもすべて捨ててしまう心構えが必要なんだ、と。熱く熱く語りました。

「スペースを作れば、そこに幸運がころがりこんでくる」……、たしかに、その通りなのですが、「直観力」を磨いてタイミングよく「スペースを作る」決断をする能力を身に付けるには、もっと重要なものを捨てなければなりません。

成功よりもっともっと大きなものを最後に捨てなければならなかったのです。

もう一度ここで、それをハッキリさせましょう。

それは「自分自身」です。それは、あなた自身の中に棲んでいる「アナザー」を捨てることです。「あなた」が「あなた」だと信じている「あなた」は「あなた」ではないのですから、その「あなた」を捨てなければならないのです。

その自分自身を捨てるためのヒントは、「死ンドラーのリスト」の中の人間関係に隠されています。

ですから、「死ンドラーのリスト」をここでまたリサイクルしてほしいのです。「続・死ンドラーのリスト」、というわけですね。まるで映画のタイトルのようですが……。

まずは、このリストと直面してください。

実は、リストの中に書かれている人脈は「今のあなたそのもの」なんです。その人たち一人ひとりと直面し受け入れること、それはあなたの過去の人生と向き合うことになります。

あなたの人脈は「あなたの人生を映し出す鏡」なのですから、その人たちの中に自分自身を見ることになるでしょう。

本当に「鏡」そのものですよね。

本書と同じ出版社である総合法令出版から出版され120万部以上のヒットとなった『鏡の法則』という名著があることを、あなたはご存知でしょうか？

読んだ人の9割が涙したというロングセラー『鏡の法則』。

「鏡の法則」というのは、『私たちの人生の現実は、私たちの心の中を映し出す鏡である』という法則です。私たちが鏡を見て自分の姿を知ることができるのと同様に『人生に起きていることを見れば、自分の心の中を知ることができる』と書かれています。たとえば、鏡に映っている自分の髪が乱れていた場合、鏡のほうに手を伸ばして自分の髪に触ろうとしてもできません。自分自身の頭に手をやり、髪を整えるはずです。すると結果として、鏡の中の自分の髪も整うわけです。同様に『人生の問題を根本的に解決するには、自分の心の中の原因を解消する必要があります』というような内容がこの名著には書かれています。

なるほど！　そうなんですよね。

私たちは、自分がまだ直面していない現実を受け入れて自分自身が変わった瞬間に、自分を取り巻く環境も、一気に変わっていくんですね。

『鏡の法則』の中には『ゆるすことでやすらぎが手に入る』とも書いてありました。『「捨てる」成功法則』の中にも書きましたが、これからあなたが作る「続・死ンドラーのリスト」の中には、憎んでいる人や恨んでいる人を意識的に増やしてもいいでしょう。**今でも責め続けている「許せない人」**が入っていていいのではないでしょうか。

そう、悪魔B君のように。

逆に、**あなたが「ダーティー行為」を犯してしまった人もリストアップしてください。避けることなく。できる限り。**

そして、**その「鏡」に映し出してほしいのは、あなたが主演・監督・脚本を担当してきた人間ドラマです。そのドラマのストーリーの中に見えた「その瞬間」「その場**

面」を映し出してほしいのです。

映し出した映像の中から、あなたが何かを感じたその瞬間にシャッターを切ってください。記憶の映像を「静止画像」にしてほしいのです。

その場合、カメラのレンズはあなた自身の「瞳」なのですから、あなたが撮った写真にあなた自身が写っているなんて……、そんなことあり得ませんよね。そうです。あなたから見た映像なのですから、そのシーンにあなたが映っているはずがありません。もしも、そのシーンにあなた自身が登場してくるとしたならば、それはまだ直面できていないあなたの記憶が歪んでいる証拠なのです。

あなたの目から見えている映像や写真こそが……、あなたの目から見えている記憶こそが……、『リアル』なのです。

それを見つけ出すには、しっかりと向き合って、受け入れて、直視しなければいけません。そうしなければ、あなたにとって大切な真実は見えてきません。

ゆるせなくてもいいのです。ゆるせないことを認めてください。

まずは、そのまま「認める」のです。

私以上に、あなたの人生にも様々な場面があったはずです。
あなたにも自分の過去と本気で直面するチャンスがやってきたのです。

先日、私がなにげなくテレビを観ていた時のこと、元楽天の野村監督がインタビューに答えていて、いろんな過去の思い出話を語っていました。

サッチーが脱税で逮捕されたときの裏話。ヤクルトスワローズ監督時代の逸話。南海ホークスでの選手時代。その選手時代はサッチーが愛人のときでもありそれを問題視した球団から「オンナを取るのか、それとも野球を取るのか」と迫られオンナを取った、というような話も含めて笑いながらお話をされていました。

毒舌たっぷり、ユーモアたっぷりにボヤいていた野村監督でしたが……。しかし、そんな何事にも動揺しないような野村監督でさえも、話題がいざ、貧乏だった子供の頃の話やお母さんの苦労話などになると、途端に「おいおい」と号泣しながら語りだすのです。それを見てつくづく思いました……、やっぱり、小さいころの記憶というのは、誰でも心の奥に深く刻まれているんだな、と。

あなたにもあるはずです。幼いころ、心に深く刻まれた衝撃的なストーリーが……。まだまだ整理しきれていない自分の幼いころの出来事やご両親との関係などからスタートするのがよいでしょう。遠い記憶を遡って、今まで封印してきた様々なストーリーをリストアップして書き出してください。

感謝すること、許せないこと、懺悔したいこと、を片っ端から書き出してみてください。

きっとあなたにも、そんな昔の出来事の中に、**「あなたがあなたであってはいけない」とあなたが決めてしまった瞬間**があったかもしれません。それをあなたが発見したとき……、あなたの仮面はポロリと剥げ落ち、「アナザー」の存在は消えてなくなってしまうでしょう。

仮面が落ち切るまで「人生の棚卸しワーク」を続けてください。

直面し続けてください。

たとえ辛くても、鏡の前から目をそらしてはいけません。

過去と直面する勇気、現在と直面する勇気、未来と直面する勇気、それさえあれば、必ずその中に「答え」が見つかります。

その結果として……、
あなたが今まで**抑圧してきたすべての罪悪感から解放**されたとき……、「アナザー」と決別することに成功するでしょう。「アナザー」を追い出し「本物の自分」を取り戻すことさえできたなら、あなたの未来に向かって**大きなパワー**がみなぎってくることになるでしょう。

これから「高潔さ」を目指すあなたを「本物のあなた」が応援してくれます。

もう決断に迷うことはありません。
もう人生に迷うことはありません。

本物の「直観力」があなたの人生を助けてくれるのです。

エピローグ

最後まで読んでいただき、ありがとうございます。

さて、あなたのタイムマシンは上手に過去と未来を行き来できたでしょうか？

人生の棚卸しは、無事に終わりましたか？

もしかすると、すっかり生まれ変わったあなたの**「直観力」**は、すでに冴えまくっている状態かもしれませんね。


逆に、もしも、暗い過去と向き合い過ぎて気持ちが落ち切ってしまい、そのまま回復しないときは、私のホームページへアクセスしてください。その道をトレーニングしてくれる専門家をご紹介することも可能です。


それでは、最後の最後に、おまけとして「悪魔Ｂ」の後日談です。

私のメルマガより転記させていただきます。

「復讐」か、それとも「救済」か

実は先日、私が尊敬する元上司のSさんと1年振りに2人でお酒を飲む機会がありました。

そのSさんとの会話の一部をご紹介いたします。

早川「どうも、お久し振りです」

S氏「でも、なんだか、1年振りって感じがしないねぇ、メルマガ読んでいるからね。毎週……」

早川「あっ、そうですよねぇ。ありがとうございます」

S氏「最近、面白いねぇ。特にあの悪魔Bの話、興味深いよ」

早川「やっぱり、そうですか。ありがとうございます。いろんな人から言われますよ」

S氏「ところでさぁ、なんでBに会ったときに、殴りかからなかったの?」

早川「いや〜、そんなことまでは……さすがに……」

S氏「まあ、殴らないまでも、仕返しっていうか、彼を責めるのが普通なんじゃないの?」

早川「はあ、まあ、本当はそうなんでしょうけど……、そういう気になれなかったっていうか……」
S氏「へぇー、そうなもんかねぇ。」
早川「自分でも不思議なくらい、許しちゃったっていうか……何も感じなかったっていうか。恐怖心も何もなく……普通に会えたっていうか」
S氏「ふ～ん……なるほど」
早川「別にかっこつけているわけでもないし、無理もしてなくて。なんだかキレイごとっぽく聞こえるかもしれませんけど。しかも実は、恥ずかしながら、Bに会っていきなり『握手』しちゃったんですよねぇ」
S氏「えー、握手したの？……思わずしちゃったのかなぁ？　わかる気もするけど……」
早川「そうなんですよ、握手するつもりなんて全然なかったんですけど……、『おお～、久しぶりー』って言って、勢い余って握手しちゃったんですよ。憎っくき悪魔だったはずなのに……。『いったい何やったてんだオレ？』、っていう不思議な感覚でしたね。さすがにメルマガではそこまで書かなかったんですけど」

S氏「でもさ、向こうからしたら、殴られでもしたほうがよっぽどすっきりしただろうね！」
早川「えっ？！」
S氏「絶対そうだよ。許されたほうが辛かったと思うよ。だって彼は罪悪感があったからこそ会いに出てきたわけでしょ。それが責めてもらえずに許されちゃったら、本当は救われなかったと思うなぁ。責められたり殴られたりしてはじめて対等になれるっていうか、罪悪感がチャラになって解放されるはずだったのに、逆に広い心で許されちゃったら、すっごくみじめだったと思うよ」
早川「なるほど～、そんなもんですかねぇ……」
S氏「そうそう、そういうもんだよ。俺も逆の立場で似たような経験があるんだけど……。あれは辛かったなぁ。文句言われた方がよっぽど楽になれたのに……。って思ったよ」
（……と、Sさんは自分の経験を語る）
早川「へー、Sさんにもそんなことがあったんですか。そうか、なるほど、そうかもしれませんね」

S氏「握手までされちゃったらねぇ、ツラいよ～。みじめだよ～。もしかすると、Bさんは次の日、辛さに耐えられなくなって首をくくってるかもよ」

早川「いやー、まさかー」

S氏「いやいや、それくらいのことだよ。結局、君は悪魔を救ったんじゃなくて、悪魔に『復讐』を果たしたんだよ」

早川「えっ、ふ、ふくしゅう・・・」

S氏「そうだよ、復讐したんだよ！」

早川「復讐ですか……」

S氏「そうそう、君は復讐に成功したんだよ！　おめでとう！」

私は驚きました。こういう解釈の仕方もあるのか、と。

混乱してきました。でも、言われてみれば、そんな気がしてきてしまいます。

過去を受け入れた上で許していた、という気持ちに嘘はなかったはずなのですが、それだけでは、なんだかキレイごとでまとめてしまったような気もするし……。

果たして、私は34年の時を経て、悪魔Bの許しがたい過去の犯罪行為に対し、「意図せずに」復讐を果たしていたのか？

「許しという名の復讐」だったのか、それとも**「救済」**だったのか。

一瞬、混乱しかけましたが、答えはやはり「救済」です。

復讐行為は「ダーティー行為」そのものです。心から許すことが「ダーティー行為」であるはずがありません。

私は「善の意識」の観点に従い、「アナザー」と直面した結果、私自身を救うことができました。と同時に、やはりBも救われたのです。彼もまた、「Bの中に棲みついていた悪魔」と直面し、それを受け入れたのですから。

ニセモノの「自己改革」

それでは、最後の最後に、もう一度30年前にタイムスリップしていただきます。

私が中学校を卒業した後は、「悪魔B」から解放されたとはいえ、呪縛は続いていたわけです。そのはじめの変革期、**「敗者の仮面」の上に「勝者の仮面」を被ったま**

まで過ごした、高校生〜大学生時代の話を付け加えておきます。

２０１１年7月30日に配信したメルマガより、転記させていただきます。

実は私、17歳から21歳の誕生日までの間、毎日毎日、１日もかかさず、大学ノートに日記をつけていました。

今でいうところの「ブログ」ですね（笑）。

まだパソコンが普及していない30年前、すでに私は「１４６０日連続更新」の記録を持っていたんです。

毎日、学校が楽しくて楽しくて、『勝者の仮面』を被ったままの「青春の自己改革」に成功したと思い込んでいたバラ色の人生が、その日記に書き連ねられています。

あなたは、30年前の今日、7月30日に何をしていたか具体的に言えますか？

または、18歳のときの7月30日に何が起こったか詳細に覚えていますか？

そんなこと、普通の人はわかりませんよね。
でも、日記を保存している私は、事細かに語ることができます。

ちなみに、
私が30年前の今日、何をしていたか?

その「日記」によれば……、

大学1年生だった私は、町田の大丸ビアガーデンにて呼び込みとホール係のアルバイトをしていました。さらにその日は、バイト終了後、私が密かに思いを寄せていたチケット売り場の1歳年上の女子大生に「愛の告白」をしています。
日記を確認しながら、自分でも「おお~、なんと、そんなことが……」という、お恥ずかしい展開です。

えっ?!

告白の結果？　ですか？


う〜ん、実はイイところまでいったんですけどねぇ。

三角関係がもつれにもつれて、最後には現彼氏の「慶応ボーイ」が出てきて修羅場になり、結局、見事にフラれました（笑）。


私の「思い」は、生ビールの泡のように一瞬で消えていきました。

（ビアガーデンの恋だけに……笑）

「恋のチケット」は、売り切れていたみたいです。

（チケットの売り子さんだけに……笑）


数日後、大丸ビアガーデンのチケット売り場には、別の女子大生が座っていました。

アントニオ猪木にそっくりの女の子だった、と日記には書いてあります。私にとっては、まさにあの時の……「アントキの猪木」ですね（笑）。

そう……です、いとしの彼女はバイトを辞めてしまったのです。

私にとっては、あまりにも新旧受付嬢のギャップが大き過ぎて、一気に働く意欲を失ってしまいました。

「それまで一度に12個の大ジョッキを運べていたのに、やる気がダウンして大ジョッキ8個しか持てなくなってしまった」、と、日記には書いてありました（笑）。

それ以上のことは日記に書いてありませんでしたが、もしかすると、新しいチケット売り場の猪木似の女子大生は、失恋した私に対して、こう言って励ましてくれたかもしれません……、

「元気があれば、何でもできる！」と（笑）。

切ない思い出ですが……、
今となっては、楽しかった青春の「1ページ」（日記だけに……笑）です。

7月30日（土）

軽薄ですよね。いかにも軽い。高潔のかけらもありません。
「享楽」を追求することで、一喜一憂している青春時代の「軽薄さ」。
その「軽薄さ」は、「まじめさ」「気高さ」「努力すること」などを押し殺し、その後のビジネスマン人生においても、様々な場面で私の足を引っ張ることになります。
日記をつけていた当時は、中3ときのトラウマ……「ダーティー行為」を「シェルター」したまま、勝者の仮面をかぶったお調子者で陽気な「アナザー」が一生懸命に私を演じていてくれていましたが、もし「本物の自分」で勝負していたら、ライバルの「慶応ボーイ」に勝っていたのかもしれませんね。

ただ、このエピソードは私の人生にとっては、ほんの些細な出来事でしかありません。私がつくづく思うことは、私の人生は、このエピソードのように、いつも「三角関係」だったのではないか、ということです。もちろん恋愛の話ではありませんよ。

「自分自身」VS「自分以外の人々」VS「アナザー」、という三角関係。

いつもいつもその三角関係の中で奔走していました。その三角関係をまるく収めるために、最大限のエネルギーを使って調整してきたような、そんな人生だったような気がします。次々と成功を収め、そしてまたさらに成功を積み重ねても……、いつも何者かが重くのしかかってくるような……。成功しても不安、また成功しても不安、さらにもっと成功しても不安、と、常に不安が追いかけてくる……。

あなたはそんな感覚を味わったことはありませんか?

私には経験があります。一生懸命にその「不安」を「自信」に変換させて頑張ってきました。目標達成のために、テンションを上げる努力を繰り返してきましたが……、もしも……、

「本物の自分」として、「暗黒の1年」以降の人生も勝負していたら、本来はもっと楽に……、本来はもっと自信満々に……、本来はもっと余裕綽々に……、本来はもっと自分の願いどおりに……、

今まで手にしてきた以上の大きな成功を手に入れていたかもしれません。

しかし、「本物の自分」と本物のパワーを取り戻した今では、本物の確信がありま す。

本当のゴールが私には見えています。

あなたには、本当のゴール、見えていますか？

もしもまだ、ぼんやりと迷っているのなら、本書に書かれているような高潔さを実践し、すべての現実と直面する生き方を受け入れてください。

そうすれば、磨かれた「直観力」によって導かれた本物のゴールが見えてくるでしょう。

これからは、**本物の「直観力」に従って生きていけばよいのです。**

あなたが、新しい自分を発見し、あなたの新しい人生が始まることをお祈りしています。

最後になりましたが、このたびの出版にあたり、盟友・小出勝徳氏および総合法令出版株式会社代表取締役社長野村直克氏からは多大なるご指導とご協力を賜りこの機会を得ることができました。そして、同社編集長関俊介氏からは、的確かつ心温まるアドバイスをいただき、その結果が本書の誕生となりました。

そして、
私を長年に渡り支えてくださった延べ数万人のお客様方、
私と志をひとつに様々な試練と戦ってきてくれた仲間たち、
私をいつも陰から応援してくれた家族、
私に対し厳しくも温かい指導をしてくださいましたトレーニングスタッフの方々、
私のメルマガ配信を楽しみに読み続けてくださっている「ご縁」のあった方々、

ここに慎んで関係者の方々に心より感謝申し上げます。

2011年10月20日（40代最後の誕生日）

早川勝

profile

早《はや》川《かわ》　勝《まさる》

1962年、神奈川県に生まれる。

1989年、世界有数のフィナンシャルグループを母体とする外資系生保に入社。

独自のメンタルテクニックを駆使して数々の記録的な成績を挙げる。

1995年より池袋支社営業所長、1999年より名古屋支社長、2005年より品川支社長とステップアップしながら次々に組織の大改革・大躍進に成功。延べ数百人に上る金融プロフェッショナルの育成指導に携わる。

2008年、大手国内生保に「伝説のカリスマ支社長」として過去トップ待遇でヘッドハンティングされる。

今もなお、22年に及ぶ現役生活を続けながら、そのキャリアの中で培った実践的なメンタルトレーニング法やモチベーションアップに関する執筆活動、また、他社金融機関の研修講師、東京六大学での担当授業、各種セミナー講師の講演活動など、多方面にわたり精力的に活躍している。

著書に『どん底営業チームを全国トップに変えた魔法のひと言』（日本能率協会マネジメントセンター）、『「捨てる」成功法則』（総合法令出版）がある。

視覚障害その他の理由で活字のままでこの本を利用出来ない人のために、営利を目的とする場合を除き「録音図書」「点字図書」「拡大図書」等の製作をすることを認めます。その際は著作権者、または、出版社までご連絡ください。

すごい!「直観力」

2011 年11月 3 日　初版発行

著　者　**早川勝**
発行者　**野村直克**
発行所　**総合法令出版株式会社**
〒107－0052　東京都港区赤坂1－9－15
日本自転車会館 2 号館 7 階
電話　03－3584－9821㈹
振替　00140－0－69059
印刷・製本　**中央精版印刷株式会社**

ISBN978－4－86280－276－7

落丁・乱丁本はお取替えいたします。
総合法令出版ホームページ　http://www.horei.com/